451 7,–

Stöppel Freizeitführer 949

D1874531

Martin Boeckh

ODENWALD BERGSTRASSE

Freizeit mit Kindern

STÖPPEL
VERLAG

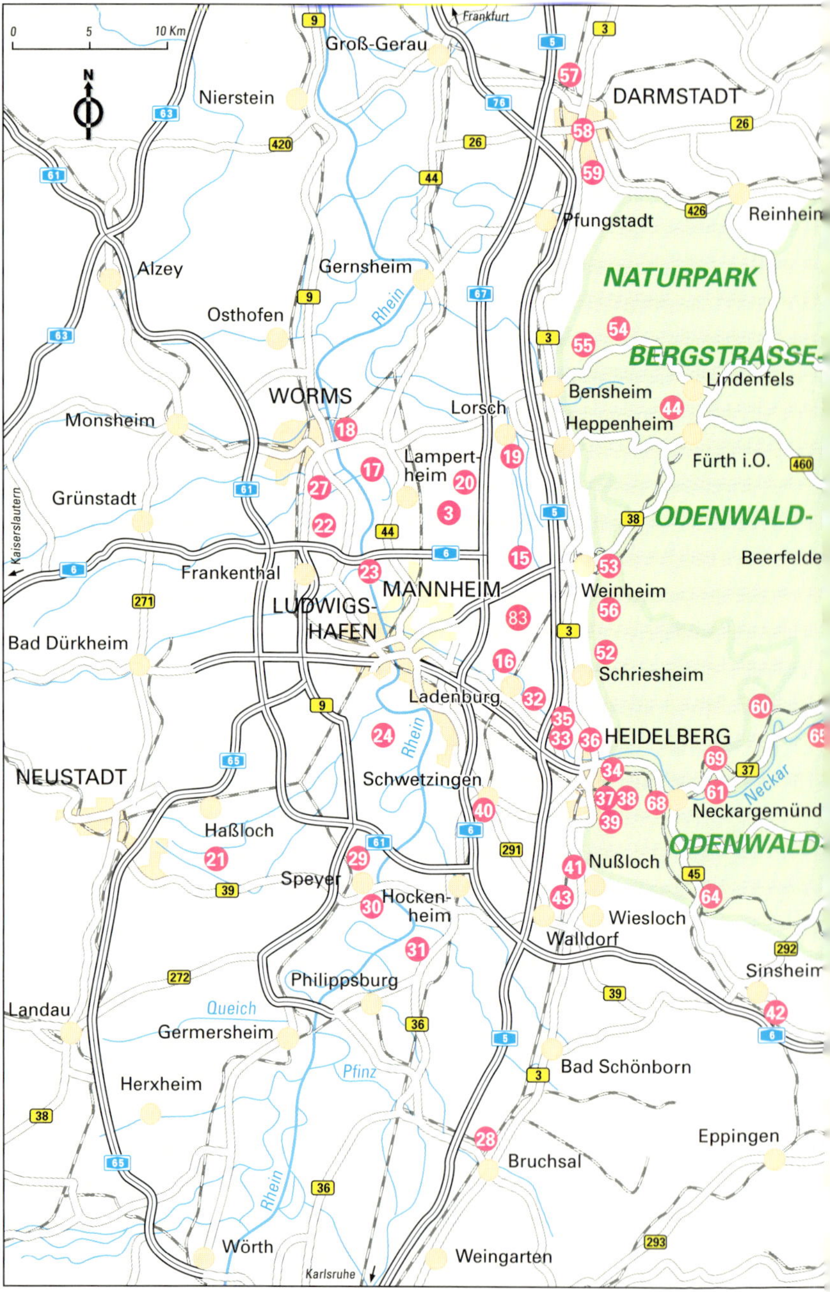

0 5 10 Km
N
Frankfurt
Groß-Gerau
DARMSTADT
Nierstein
Pfungstadt
Reinheim
Alzey
Gernsheim
NATURPARK
Osthofen
Rhein
BERGSTRASSE-
Lindenfels
Bensheim
WORMS
Lorsch
Heppenheim
Monsheim
Lampert-
heim
Fürth i.O.
Grünstadt
ODENWALD-
Kaiserslautern
Beerfelde
Frankenthal
MANNHEIM
Weinheim
LUDWIGS-
HAFEN
Bad Dürkheim
Schriesheim
Ladenburg
HEIDELBERG
NEUSTADT
Schwetzingen
Neckar
Neckargemünd
Haßloch
ODENWALD-
Nußloch
Speyer
Hocken-
heim
Wiesloch
Walldorf
Sinsheim
Philippsburg
Landau
Queich
Germersheim
Bad Schönborn
Pfinz
Herxheim
Eppingen
Bruchsal
Wörth
Weingarten
Karlsruhe

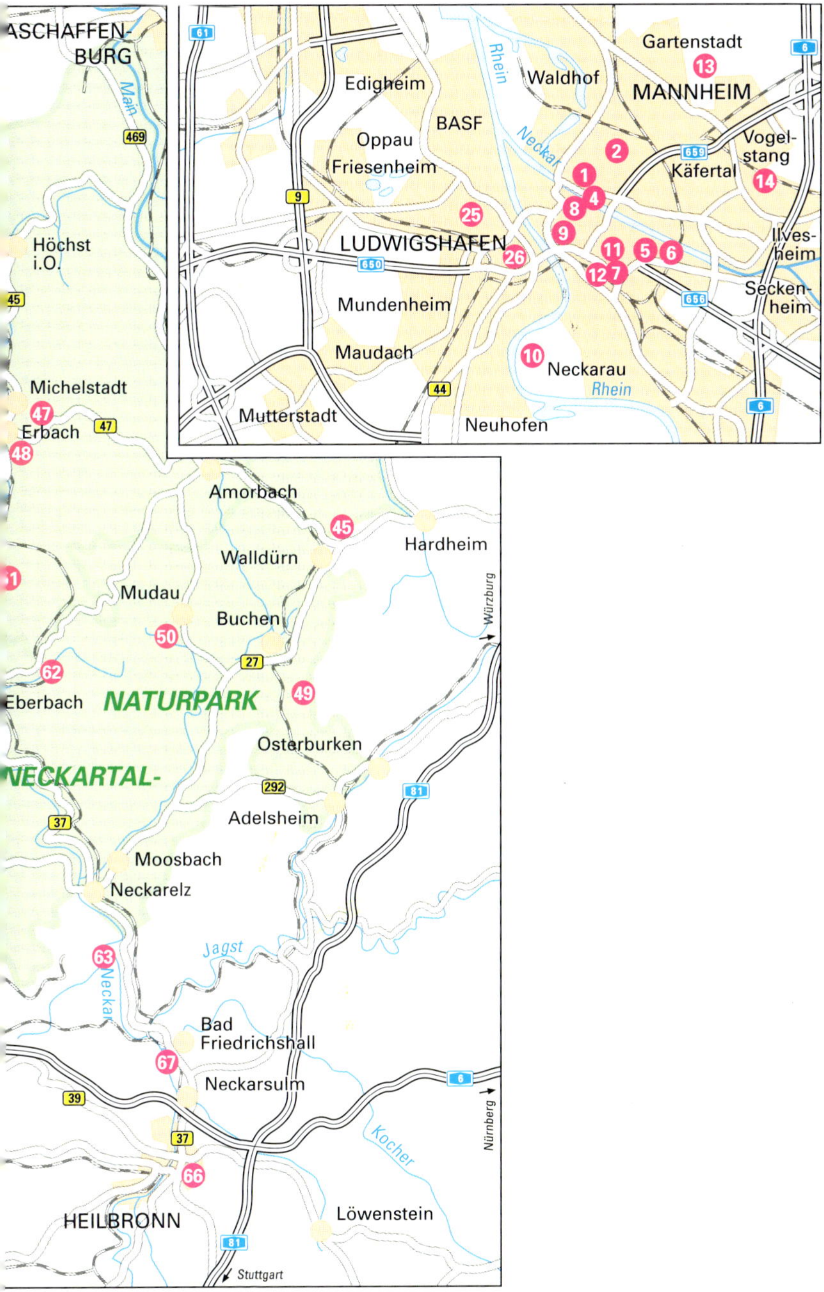
ASCHAFFEN-
BURG
Main
469
Höchst
i.O.
45
Michelstadt
47
Erbach
47
48
Gartenstadt
13
Edigheim
Rhein
Waldhof
MANNHEIM
61
6
BASF
Oppau
Friesenheim
Neckar
2
659
Vogel-
stang
Käfertal
14
1
4
8
25
9
9
LUDWIGSHAFEN
26
11
5
6
Ilves-
heim
650
12
7
Secken-
heim
656
Mundenheim
Maudach
10
Neckarau
Rhein
44
6
Mutterstadt
Neuhofen
Amorbach
45
Hardheim
Walldürn
Mudau
Buchen
Würzburg
50
27
62
49
Eberbach
NATURPARK
NECKARTAL-
Osterburken
292
81
Adelsheim
37
Moosbach
Neckarelz
Jagst
63
Neckar
Bad
Friedrichshall
67
Neckarsulm
6
39
Nürnberg
37
Kocher
66
HEILBRONN
Löwenstein
81
Stuttgart

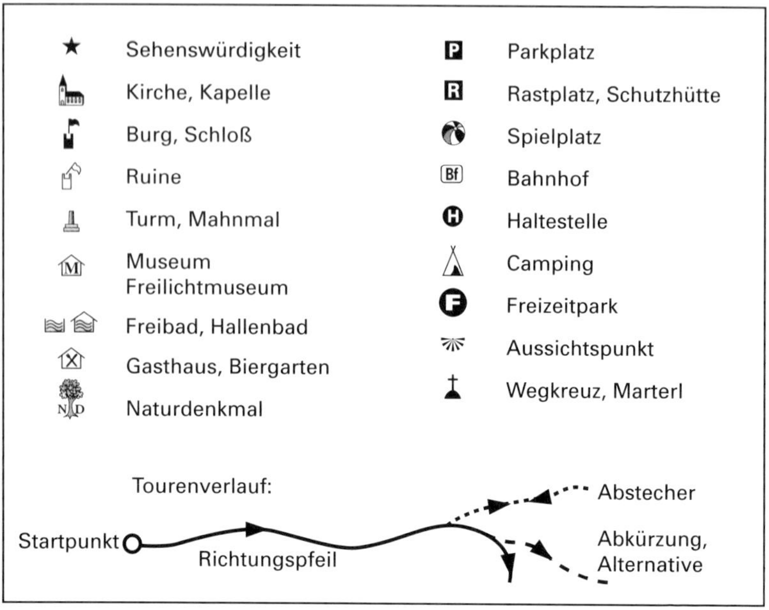

Trotz größter Sorgfalt bei Recherche und Zusammenstellung der Ausflugsvorschläge in diesem Buch können Autor und Verlag keine Gewähr für die Richtigkeit der Angaben übernehmen. Insbesondere Abfahrts- und Öffnungszeiten unterliegen häufigen Veränderungen. Zeiten und Preise wurden im Sommer 1998 ermittelt. In jedem Fall freuen wir uns über Korrekturen, Anregungen und Verbesserungsvorschläge zu diesem Buch.

Bildnachweis: alle Fotos Martin Boeckh, außer S.49 (Städt. Kunsthalle, Mannheim), S. 68 (Verwaltung der Staatl. Schlösser und Gärten in Hessen), S. 109 (HSB), S. 127 (Puppenstubenmuseum Landsberg), S.151 (Eisenbahnmuseum Darmstadt).

Titelfoto: Felsenmeer bei Reichenbach (Tour 54)

2., aktualisierte Auflage 1998
©1996 Stöppel Verlag, D-82362 Weilheim
Redaktion: Horst-Hennek Rohlfs, Herrsching
Karten: Computerkartographie Carrle, München
DTP: Robert Stöppel, H.- H. Rohlfs
Lithos: Lorenz & Zeller, Inning a. A.
Herstellung: Das Grüne Atelier, Holzkirchen
Druck: EOS, St. Ottilien
ISBN 3-924012-80-6

Inhalt

Die Touren

Mannheim

Rund um Mannheim

Ludwigshafen/Worms und Umgebung

Zwischen Speyer und Bruchsal

Heidelberg

Rund um Heidelberg

Odenwald

Bergstraße

Darmstadt

Im Neckartal

Freizeit- und Erlebnisbäder

Eislaufmöglichkeiten

Die Symbole

Märchenstube, -museum; Hier werden Märchen aufgeführt

schöne Rodelstrecke, -bahn; reizvolle Winterwanderung

Ausflug ist auch bei schlechtem Wetter zu empfehlen

Auf der Tour gibt es Bademöglichkeiten

Besonders reizvolle Radtour

Der Ausflug ist für Kinderwagen geeignet

Technisches Museum, Sehenswürdigkeit

Abenteuerpark, besonderer Spielplatz

Zoo, Tierpark

Ausflug mit dem Schiff; Bootstour

Schöne Wanderung

Hier gibt's etwas anzuschauen

Museumsbesuch

Park, Botanischer Garten

Hier kann man einen Kindergeburtstag feiern

- Adresse mit Telefonnummern und weiteren Informationen
- Öffnungszeiten des Ausflugsziels, gesamte Wegstrecke oder die Zeit, die für die Tour einkalkuliert werden muß
- Eintrittspreise
- Einkehrmöglichkeiten
- Parkplätze mit kurzer Beschreibung der Anfahrt
- Anreise mit öffentlichen Verkehrsmitteln
- Kombinationsmöglichkeiten mit anderen Ausflügen
- Ein schönes Frei- oder Hallenbad liegt in der Nähe

Im Vorwort schon ein paar Tips

Das Wochenende naht, oder noch schlimmer: es droht, wie alle Jahre wieder, ein Kindergeburtstag. Wer kennt da nicht die Schweißperlen, die die obligate Frage der „süßen Kleinen" auf die Stirn treibt, wenn es wieder heißt: „Papi, Mami, was machen wir denn morgen?" Auch wer das übliche Chaos von Tortenschlachten satt hat und der Rolle des Animateurs überdrüssig ist und schon gar nicht den nächsten Tierpark ansteuern möchte, ist gut beraten, sich ausführliche Gedanken über einen kindgerechten Ausflug zu machen.

Meine Familie und ich haben versucht, Ihnen diese Arbeit abzunehmen. Caroline und Marius sowie meine Frau und ich mußten als Testpersonen herhalten. So manch' gängige Tour fiel in der Bewertung unserer Kinder gnadenlos durch oder erwies sich schlicht als nicht altersgemäß. Insofern sind alle Altersempfehlungen meiner Touren subjektive Einschätzungen, die bestenfalls Hinweis-Charakter haben.
Völlig individuell und sehr geschmacksabhängig sind die Tips für Familienkonzerte, Theatervorstellungen und Sonderausstellungen. Sie wurden trotzdem aufgenommen, um das Typische dieses Ausflugziels zu zeigen.

Neuland habe ich bei den Touren Bahnstellwerk, Wetterstation, Wasserwerk, Seilerei und Werksfeuerwehr beschritten. Sie wurden quasi für diese Buch „geschaffen". Das bedeutet, daß erstmals regelmäßige Führungen eingerichtet wurden, allerdings unter dem Vorbehalt, daß man sich zuvor telefonisch anmeldet und die Verantwortlichen die „Besucherströme" organisieren und in vernünftige Bahnen lenken können. Ich bin gespannt auf den Erfolg dieser Tips.

Andere Vorschläge haben sich seit Jahren bewährt und sind dennoch Geheimtips, die sich sogar für Kindergeburtstage eignen. Das Symbol für Kindergeburtstage wurde allerdings nur vergeben, wenn die Unternehmung keine allzulange Voranmeldung und kein besonders dickes Portemonnaie voraussetzt.

Die reinen Wanderungen wurden in diesem Band relativ knapp gehalten; der Schwerpunkt liegt eindeutig auf kulturellen und „technischen" Zielen der Region.

Rodelspaß im Odenwald

Letztlich ist eine Sammlung von Tips und Touren herausgekommen, die Eltern und Kindern Spaß machen soll - im Streichelzoo, im „Offenen Museumsnachmittag", zwischen Tropfsteinen oder in Dampflokomotiven ebenso wie auf dem Rad, im Auto oder im Kanu. Das vorliegende Buch erhebt keinen Anspruch auf Vollständigkeit, sondern ist ganz subjektiv für Sie zusammengestellt.

Dichte Menschentrauben, Popcorntüten und grell-kitschige Plastik-Märchenfiguren in einem Freizeitpark mögen manchem ein Greuel sein, doch man sollte auch so etwas einmal erlebt haben - vielleicht nur, um dann die Geruhsamkeit einer Bootsfahrt auf dem Neckar noch besser genießen zu können.

Ich hoffe, Sie haben ebensoviel Spaß an den Unternehmungen wie wir. Für die Neuauflage wurden Bilder aktualisiert, Verbesserungsvorschläge berücksichtigt und alle "Toureninfos" auf den neuesten Stand gebracht.

Ihr
Martin Boeckh

Tips und Tricks

Richtige Planung

Kein Streß mit Uhr und Maßband

Bei aller Planung eines Ausflugs sollte immer genügend „Luft" enthalten sein. Die Hetze zum letzten Bus kann der Familie die Freude an der gesamten Tour vermiesen. Genügend Luft bedeutet, der Jüngsten auch Zeit für ein paar Gänseblümchen am Wegrand oder dem Sohnemann ein paar zusätzliche Runden auf dem Karussell zuzugestehen - oder den elterlichen Herrschaften noch ein letztes Weizenbier in der Gartenwirtschaft. Daher sind die Zeit und Entfernungsangaben sehr vage gehalten. Was sagen denn schon 30 Kilometer Radtour aus? Bergab sind das zwei Stunden, bergauf fast ein Tag. Allzu lange Wander- oder Fahrstrecken sind bei der Tourenauswahl weitgehend vermieden worden.

Mit den empfohlenen Altersangaben verhält es sich ähnlich wie mit den Zeiten. Und dennoch sollte man sich in etwa daran halten. So ist ein aufgeweckter Zwölfjähriger vom Bundesbahn-Stellwerk entzückt, während ein Vierjähriger dort tatsächlich nur „Bahnhof" versteht. Die Touren wurden bewußt so vielseitig zusammengestellt, daß zwischen 0 und 16 Jahren jede und jeder auf sein Recht kommen sollte.

Die Verpflegung

Essen und Trinken hält Leib und Seele zusammen

Bewußt wurde auf eine Wertung der genannten Biergärten oder Restaurants verzichtet. Einerseits unterliegt die Gastronomie, wie überall, einem stetigen Wandel von Qualität und Preisniveau. Andererseits sollen gastronomische Einrichtungen nur in Ausnahmefällen das eigentliche Ausflugsziel darstellen. Anders ist es mit bewirtschafteten Wanderhütten. Doch derlei Stützpunkte finden sich leider im Gebiet des Odenwaldes nur sehr selten.

Am mitgeführten Vesper-Rucksack geht also kein Weg vorbei, soll den Jüngsten nicht der Spaß an der spannendsten Tropfsteinhöhle oder am schönsten Radausflug durch Hunger verleidet werden. Bekanntermaßen schlägt Kindern (und auch vielen Eltern) nichts so sehr auf die Laune wie Hunger oder Durst.

Öffnungszeiten und Eintrittspreise
Ohne Moos nix los

Bei Museen, Parks, Schiffen oder Restaurants sind die Öffnungszeiten bzw. Abfahrtzeiten genannt. Trotz sorgfältiger Recherche sind Änderungen nie auszuschließen. Wer ganz sicher gehen möchte, sollte sich auf jeden Fall telefonisch absichern. Die Rufnummern sind weitgehend aufgeführt. Bei den Preisen sind nur die Kategorien Erwachsene, Kinder und Familien bei einem einmaligen Besuch genannt. Fast immer gibt es ermäßigte Gruppenpreise für Kindergärten, Schulklassen oder Kindergeburtstage.

Die richtige Kleidung
Mehr als Etikette

Erfahrene Eltern wissen in der Regel, welcher Pulli, welche Jacke und welches Schuhwerk für die Tour einzupacken ist. Dennoch kommt es immer wieder zu Überraschungen, wenn sich die Tropfsteinhöhle als feuchte Angelegenheit und die Fahrt zur Landessternwarte auf dem Königstuhl als Ausflug mit beinahe Hochgebirgscharakter erweist.

Daß kaum ein Streifzug durchs Gelände ohne Schrammen abgeht, ist keine neue Erkenntnis des Autors, wohl aber die, daß ein Pflaster aus der Wanderapotheke wahre Wunder wirken kann und so den Erfolg eines Ausflugs sichert.

Wanderungen
Kinder gut zu Fuß?

Der Odenwald bietet eine Fülle recht ordentlich markierter Wanderwege. Mit einer guten Wanderkarte oder einem Wanderführer kann man sich selbst eine unterhaltsame Strecke auswählen; doch soll es vorgekommen sein, daß der zitierte „bezaubernde Ausblick" oder die „grandiose Fernsicht" Kindern nur ein gelangweiltes Gähnen entlockte. Schnell steigert sich der vorsichtig angemeldete Protest zur Totalverweigerung, wenn auf längeren Wegstrecken nichts wirklich Spannendes geboten wird - eine Burgruine, ein Aussichtsturm oder auch nur eine Eisbude.

Als Wundermittel hat sich erwiesen, wenn man Ausflüge nicht nur mit eigenen Kindern, sondern auch mit deren Freunden unternimmt. Das Marschtempo läßt sich damit erstaunlich steigern.

Museumsbesuche, bei denen die Eltern einiges erklären wollen, unternimmt man dagegen, so unsere Erfahrungen, besser alleine. Zu groß sind die Interessensunterschiede, wenn sich der Sohn für die Druckmaschine, die Tochter für die römische Geschichte, die Mutter für Musikinstrumente interessiert und der geplagte Vater eigentlich die Modellbauausstellung sehen wollte.

Noch ein Wort zu den Touren im Odenwald: Die Zecken in dieser Region gelten bisweilen als besonders 'blutdürstig'. Heidelberger Kinderärzte empfehlen zum Schutz vor Ansteckung mit dem Erreger der Hirnhautentzündung eine Zeckenschutzimpfung.

Öffentliche Verkehrsmittel

Zurück zur Natur - wenn's geht, ohne Auto

Es hat viele Jahre gedauert, aber das Warten hat sich gelohnt. Als andere Regionen längst ein attraktives Nahverkehrsnetz hatten, herrschte im Rhein-Neckar-Dreieck, Odenwald und Südhessen noch die Steinzeit - verkehrstechnisch gesehen. Heute gibt es einen Verkehrsverbund, bei dem man mit Bus, Bahn, OEG und sogar Fährschiff seine bis zu fünfköpfige Familie durch die Gegend kutschieren kann und das, so oft man möchte. Das Zauberwort heißt „Ticket 24 plus" und kostet je nach 'Wabe' 10 DM, 15 DM oder 20 DM. Es gilt 24 Stunden oder am ganzen Wochenende für Gruppen bis zu fünf Personen (ohne Altersbegrenzung). Die meisten Touren befinden sich im Verbreitungsgebiet des „Verkehrsverbundes Rhein-Neckar (VRN)".

Die wichtigsten lokalen Unternehmen, die dem VRN angehören und im Text erwähnt sind:

Busverkehr Rhein-Neckar GmbH (BRN), Deutsche Bahn (DB), Heidelberger Straßen- und Bergbahn AG (HSB), Mannheimer Verkehrs-AG (MVG), Neckar-Odenwald Verkehrsverbund (NOV), Oberrheinische Eisenbahngesellschaft AG (OEG), Rhein-Haardtbahn GmbH (RHB), Stadtwerke Lampertheim (SWL), Stadtwerke Speyer GmbH (SWS),

Stadtwerke Worms Verkehrsbetrieb, Südwestdeutsche Verkehrs-AG (SWEG), Verkehrsbetriebe Ludwigshafen/Rh. AG.

Wer seine Tour ganz individuell geplant haben möchte, kann das auch von den freundlichen Damen des VRN zum Nulltarif erledigen lassen: unter der Nummer 0180/219449 (0,12 DM pro Anruf) wird der persönliche Fahrplan mit allen Abfahrtszeiten und Umsteigemöglichkeiten erstellt und auf Wunsch zugeschickt oder -gefaxt, und das mittlerweile rund um die Uhr an sieben Tagen die Woche. Die Deutsche Bahn meldet sich in größeren Städten unter 19419.

Auskünfte über das VRN-Gebiet finden sich ferner im Internet (http://www.vrn.de), bei T-Online (Btx-Seite *VRN#) und auf CD-ROM (19,80 DM).

Für jede Tour wurden die Möglichkeiten der öffentlichen Verkehrsmittel aufgeführt, daß sie sich mit den lokalen Fahrplänen dorthin zurechtfinden können, auch wenn das zugegebenermaßen manchmal etwas umständlicher ist als mit dem Auto.

Wer seinen Wagen liebt, der schiebt

Fahrradmitnahme

Der Drahtesel in der Bahn

Bewohner der Rheinebene wissen es zu schätzen und die „Bergbewohner“ des Odenwaldes beneiden sie darum: das Fahrrad. Das geradezu ideale Verkehrsmittel für die ganze Familie kommt in diesem Buch ausreichend zu Ehren. Damit auch größere Distanzen zurückgelegt werden können, kann man in einigen Unternehmen des Verkehrsverbundes Fahrräder mitnehmen; probeweise bis zum Jahreswechsel sogar kostenlos. Voraussetzung: es ist genügend Platz vorhanden, und 'Sicherheit und Ordnung des Betriebes' werden nicht gefährdet.

Die kostenlose Mitnahme im Bereich des Verkehrsverbundes gilt für:

Unternehmen	Verkehrsmittel	Linie	Zeitliche Regelung
DB	Bahn	alle Züge des Nahverkehrs	kostenlos Mo- Fr ab 9 Uhr; Sa, So u. Feiertag ganztags; sonst Kinderfahrschein
MVG,OEG, RHB, VBL	Bahn	alle	Mo bis Fr ab 20.30 Uhr, Sa ab 15 Uhr, So u. Feiertag ganztägig
BRN	Bus	7007 Heidelberg-Speyer 5560 Bensheim-Lindenfels	Mo bis Fr ab 19 Uhr, Sa ab 15 Uhr, So u. Feiertag ganztägig
HSB	Bus	7020/34 Neckarschule-Heiligkreuzsteinach 28/29 Rohrbach Süd-Boxberg 31 Rohrbach Süd-Emmertsgrund 33 Neckarschule-Köpfel 34 Neckarschule-Heidelbuckel 21 Hauptbahnhof-Königstuhl	wie BRN
	Bahn	Linie 2 Bismarckplatz-Eppelheim	
RFA	Fähre	alle	unbeschränkt, eigener Fährtarif (Fahrrad 0,50 DM)

Stand: Sommer 1998

Service-Teil

Wohin bei Sonne?

Bei Sonne sind die Möglichkeiten unerschöpflich. Den Kenner zieht es bei schönem Wetter eher ins (leere) Museum, doch Kinder sind davon kaum zu überzeugen. Wanderungen, Spaziergänge, Radtouren, Freilichtmuseen, Tiergärten, Schiffsausflüge und sogar eine Kanutour stehen zur Auswahl:

Die Nummern in Klammern entsprechen den jeweiligen Touren.

Wanderungen und Spaziergänge

Bergtierpark Fürth-Erlenbach (44)
Die Burgen Windeck und Wachenburg (53)
Durch die Wolfschlucht zum Katzenbuckel (62)
Eisenbahnmuseum Darmstadt-Kranichstein (57)
Felsenmeer (54)
Greifvogelwarte Burg Guttenberg (63)
Heidelberger Zoo (35)
Herzogenriedpark Mannheim (2)
Holiday Park Haßloch (21)
Luisenpark Mannheim (6)
Marbach-Stausee bei Beerfelden (46)
Märchenparadies auf dem Königstuhl (38)
Reißinsel Mannheim (10)
Tiergarten Worms (27)
Tierpark Walldorf (43)
Über den Königstuhl nach Neckargemünd (68)
Vom Auerbacher Schloß zum Melibokus (55)
Wanderung auf den Dilsberg (61)
Weinheimer Exotenwald (56)

Radtouren und Fahrradverleih

Als Ausgangspunkte wurden möglichst gut erreichbare Stellen mit Parkmöglichkeiten gewählt, denn manch autofahrender Familienvater zieht es vor, zur Anreise das Fahrrad auf das Dach zu schnallen. Wichtigstes Kriterium für die Auswahl war die Streckenführung auf eigenem Radweg. Allerdings ist es nicht zu vermeiden, daß in Ballungsgebieten der Radweg oft nur durch einen weißen Streifen von der Fahrbahn getrennt ist.

Bei den Radtouren gibt es immer interessante Ziele anzusteuern, damit Kindern die Strampelei nicht zu eintönig wird. Als klassische Radtouren empfehlen sich folgende 14 Ausflüge:

Biedensand bei Lampertheim (17)
Burg Hirschhorn (60)
Der Limes bei Walldürn (45)
Durch den Käfertaler Wald (3)
Ladenburger Altstadt (16)
Ökologischer Rundweg Lorsch (19)
Rhein-Rundtour (18)
Tierpark Rheingönheim (24)
Vom Karlstern zum Kloster Lorsch (20)
Von Altlußheim nach Korsika (31)
Wanderbahn Mosbach - Mudau (50)
Worms (22)
Zum Homo Heidelbergensis nach Mauer (64)

Auch wenn fast jeder einen Drahtesel sein eigen nennt, kann das Mieten interessant sein. Leider hat die Deutsche Bahn ihr Angebot „Fahrrad am Bahnhof" stark ausgedünnt bzw. der laufenden Umstrukturierung geopfert. Mancher Radhändler hat sich jedoch entschlossen, Räder zu verleihen. Am besten, man schaut hierzu ins Telefonbuch.

Folgende Verleihmöglichkeiten stehen zur Verfügung:

Ein Gewässer, und Kinder sind glücklich

Bad Rappenau: Fahrrad am Bahnhof, Tel. 07264/1034, ab DM 9,- pro Tag.

Bruchsal: Fahrradshop Esposito, Tel. 07251/18344, Mo-Fr 9-12.30 Uhr u. 14 -17.30 Uhr, Sa 8-13 Uhr; DM 10,- pro Tag.

Darmstadt: baisikl - Declan o'Callaghan, Tel. 06151/294899.

Eberbach: Bike + Sport, Tel. 06271/919785; Campingplatz, Tel. 06271/1071.

Heidelberg: Fa. Bike-Service Ziegler, Tel. 06221/402921; ab DM 15, pro Tag.

Hirschhorn: Fa. Riedel, Tel. 06272/2018, 8.30-12 Uhr u. 13.30-18.15 Uhr; ab DM 10,- pro Tag.

Neckargemünd: Rudi's Radladen, Tel. 06223/71295, ab DM 12,- pro Tag.

Parks und Attraktionen

Eisenbahnmuseum Kranichstein (57)
Greifvogelwarte Burg Guttenberg (63)
Herzogenriedpark Mannheim (2)
Holiday Park Haßloch (21)
Landessternwarte auf dem Königstuhl (37)
Luisenpark Mannheim (6)
Märchenparadies Heidelberg/Königstuhl (38)
Werkfeuerwehr und Umweltzentrale der BASF (25)

Ausflüge mit dem Schiff

Alle Unternehmen auf Rhein und Neckar machen eine Winterpause. Das regelmäßige Ausflugsprogramm beginnt meist an Ostern und endet im September. Natürlich ist auch die Kanutour nur etwas für windstilles, schönes Wetter.

Kanufahrt auf dem Neckar (65)
Mannheimer Hafenrundfahrt (1)
Schiffahrt zu den vier Burgen nach Neckarsteinach (69)
Schiffsausflug nach Worms (23)

Wohin bei Regen?

Es soll zwar kein schlechtes Wetter, sondern nur unzureichende Kleidung geben, aber es bestehen genügend Möglichkeiten, Interessantes in geschlossenen Räumen zu erleben. Natürlich geht man dabei das

Risiko ein, mit der Idee nicht ganz alleine zu sein. Wartezeiten und Gedränge sind also nicht auszuschließen.

Schlösser und Museen

Die Eignung eines Museums ist weniger eine Frage des Themas, als vielmehr eine des „Timings": Weniger ist meist mehr, und eine Stunde Museumsbesuch oder die Beschränkung auf wenige Abteilungen ist kein Schaden.

Den wenigsten bekannt und insofern noch ein echter Geheimtip sind die museumspädagogischen Kurse für Kinder aller Altersgruppen im Kurpfälzisches Museum Heidelberg (36), in der Städtischen Kunsthalle Mannheim (11), im Reißmuseum Mannheim (9), im Landesmuseum für Technik und Arbeit (5), im Wilhelm-Hack-Museum Ludwigshafen (26) und im Hessischen Landesmuseum Darmstadt (58). Meist gibt es offene Nachmittage, zu denen Kinder (und auch Eltern) unangemeldet kommen dürfen.

Wer es weniger pädagogisch, dafür mehr technisch liebt, dem seien die Technikmuseen Sinsheim (42) und Speyer (30) mit den Imax-Kinos "Classic", "Dome" und "3D" empfohlen.

Daneben gibt es noch

Odenwald- und Spielzeugmuseum Michelstadt (47)
Bonsaimuseum Heidelberg (32)
Heimatmuseum Viernheim (15)
Landesmuseum für Technik und Arbeit Mannheim (5)

Historisches und für Kinder Interessantes

Historisches Museum und Dom zu Speyer (29)
Heidelberger Schloß (34)
Mechanisches Musikinstrumenten-Museum Ladenburg (16)
Musikinstrumenten-Museum im Schloß Bruchsal (28)
Schloßmuseum Erbach (48)
Schwetzinger Schloß (40)

Theater und Konzerte

Spielpläne wechseln jährlich, und in einer Spielzeit werden oft ein halbes Dutzend Stücke angeboten. Hier hilft nur das Studium der Tageszeitungen oder der Anruf bei der Vorverkaufsstelle. Meist ist der Theater- oder Konzertbesuch nichts für Kurzentschlossene. Vorbestellungen auf ein viertel Jahr sind nicht ungewöhnlich. Besucht haben wir:

Darmstädter Jugendbühne Kikeriki (59)
Familienkonzerte der Stadt Heidelberg (33)
Kinder- und Jugendtheater Schnawwl/Mannheim (4)
Puppenbühne Mannheim (8)

Sehenswertes für jedes Wetter

Relativ unabhängig von den Unbilden der Natur ist man/frau/kind bei folgenden Empfehlungen:

Besucherbergwerk Grube Anna Elisabeth (52)
Kraftwerk Heilbronn (66)
Planetarium Mannheim (7)
Salzbergwerk Bad Friedrichshall (67)
Seilerei in Nußloch (41)
Stellwerk der Deutschen Bahn (12)
Tropfsteinhöhle Eberstadt (49)
Wasserwerk Käfertal (13)
Wetterstation Mannheim (14)

Im Thermarium Bad Schönborn läßt es sich im Sole-Bad gut entspannen

Badespaß in Erlebnisbädern

Bei vielen Touren liegen Hallen- oder Freibäder am Wegrand. Soweit ein Besuch sich lohnt, ist dies in den jeweiligen Tourenbeschreibungen vermerkt. Zusätzlich gibt es in der Region eine Reihe attraktiver Erlebnis- oder Freizeitbäder, die sich für gezielte Ausflüge eignen. Die Preise verstehen sich ohne Saunabenutzung.

Bad Schönborn Thermarium (70)
Hockenheim Aquadrom (71)
Neckarsulm Aquatoll (72)
Schwetzingen Bellamar (73)
Weinheim Miramar (74)

Was tun im Winter ?

Eislaufmöglichkeiten

Im erfaßten Gebiet gibt es eine Reihe von Eislaufmöglichkeiten. Alle Hallen machen im Sommer Pause. Die genauen Termine hängen von der Witterung ab. Im Zweifel sollte man vorher anrufen.

Die Preise und Uhrzeiten beziehen sich auf normale, öffentliche Laufzeiten ohne Eisdiscobetrieb. Gruppen erhalten meist Sonderpreise.

Aschaffenburg (75)
Darmstadt (76)
Heddesheim (83)
Heidelberg (77)
Ludwigshafen (78)
Mainz (79)
Mannheim (80)
Viernheim (81)
Wiesloch (82)

Wintersport

Der Odenwald ist leider nur wenige Tage im Jahr ein Wintersportgebiet. Verschiedene Gemeinden haben ein Schneetelefon eingerichtet, um den aktuellen Wintersportbericht zu erfragen. Einige Ziele lohnen den Ausflug: Der Rodelberg am Kohlhof mit seinem Babylift (39) ist mit dem Heidelberger Stadtbus gut zu erreichen.

Das Wintersportgebiet um Beerfelden (51) liegt weiter abseits, ist für Odenwälder Verhältnisse aber recht anspruchsvoll, und der Katzenbuckel (62) ist etwas für Langlauf- und Rodelfans. Daneben sind noch die Ortschaften Siedelsbrunn und Wilhelmsfeld recht begehrt.

Mit dem Baby unterwegs

Das Baby in der Rücken- oder Bauchtrage mitzunehmen, ist eine Frage der Kondition. Dafür ist man praktisch unabhängig und kann, von Radtouren abgesehen, alle Unternehmungen in Betracht ziehen. Wer lieber einen Kinderwagen schiebt oder wer Kinder mit Dreirad und Roller dabei hat, ist auf ebene, asphaltierte oder wenigstens befestigte Wege angewiesen. Wenn nicht gerade ein Platzregen die Feldwege in eine Seenlandschaft verwandelt hat, eignen sich folgende Touren für die rollenden Untersätze:

Auto- und Technikmuseum Sinsheim (42)
Bonsaimuseum (32)
Bruchsaler - Schloß/Musikinstrumentenmuseum (28)
Historisches Museum und Dom zu Speyer (29)
Eisenbahnmuseum Kranichstein (57)
Hack-Museum (26)
Hafenrundfahrt (1)
Heidelberger Zoo (35)
Heimatmuseum Viernheim (15)
Herzogenriedpark (2)
Hessisches Landesmuseum (58)
Holidaypark Haßloch (21)
Kurpfälzisches Museum Heidelberg (36)
Landesmuseum für Technik und Arbeit (5)
Luisenpark (6)
Marbach-Stausee bei Beerfelden (46)
Märchenparadies Heidelberg (38)
Odenwald- und Spielzeugmuseum Michelstadt (47)
Reißmuseum (9)
Schiffsausflug nach Worms (23)
Schwetzinger Schloßpark (40)
Spaziergang über die Reißinsel (10)
Städtische Kunsthalle Mannheim (11)

Technikmuseum Speyer (30)
Tierpark Walldorf (43)
Tierpark Rheingönheim (24)
Weinheim - Exotenwald (56)
Worms Zoo (27)

Die richtige Karte

Das Studium der richtigen Karte ist für die beschriebenen Touren keine Voraussetzung; hilfreich ist es aber allemal, sich über die Streckenführung von Wander- und Radtouren vorab ein Bild zu machen. Ein Kartenbild sagt zudem meist mehr als Tausend Worte, und mit einer guten Topographischen Karte läßt sich eine beschriebene Tour nach individuellen Wünschen verändern.

Folgende Karten sind für die Routenplanung sehr hilfreich:

Topographische Freizeitkarte mit Wander- und Radwanderwegen 1:50.000, „Naturpark Bergstraße-Odenwald" (2 Blätter: Nordwest, Nordost); Hrsg. Hessisches Landesvermessungsamt

Naturparkkarte 1:50.000 „Neckartal-Odenwald" (2 Blätter: Odenwald Südost, Odenwald Südwest); Hrsg. Landesvermessungsamt Baden-Württemberg

„Die große Radwanderkarte Karlsruhe-Nord/Pfalz zwischen Kraichgau und Deutscher Weinstraße", Topographische Karte 1:50.000, Pietruska-Verlag, Rülzheim

„Die große Radwanderkarte Rhein-Neckar/Pfalz: Zwischen Bergstraße und Deutscher Weinstraße", Topographische Karte 1:50.000, Pietruska-Verlag, Rülzheim

„Radwanderkarte Badische Bergstraße" 1:50.000, (3 Blätter: Kraichgau-Odenwald, nördliches Blatt, südliches Blatt), Hrsg. Rhein-Neckar-Kreis

„IZE-Technik-Touren-Karten" / Tips für Technik-Trips an Rhein und Neckar (Blatt 9), Hsg. Informationszentrale der Elektrizitätswirtschaft (IZE). Frankfurt/M.

„Plan vom Käfertaler Wald" 1:20.000, Hrsg. Stadt Mannheim, Vermessungsamt/Grünflächenamt

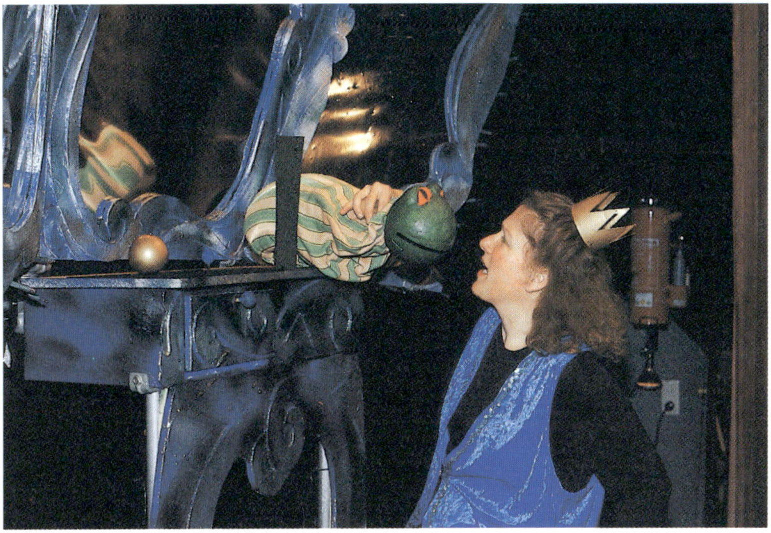

Die Puppenbühne Mannheim

Weiterführende Bücher

Folgende Bücher bieten eine Fülle weiterer Informationen und Tourenvorschläge, über deren Eignung als kindgerechte Unternehmung sich jedoch jeder selbst ein Bild machen muß:

Mit 100 Touren auf Technik-Spuren quer durch Deutschland; Hrsg. Informationszentrale der Elektrizitätswirtschaft (IZE), Frankfurt/M.. Bad Soden/Ts.: Haupka-Verlag

Helmut Dumler: „Rundwanderungen Odenwald". Stuttgart: Fink-Kümmerly+Frey

Walter Rügner: „Odenwälder Wanderungen, Band 1: Süd". Mannheim: Südwestdeutsche Verlagsanstalt GmbH & Co

Museumsführer für den Rhein-Neckar-Kreis und die Städte Heidelberg und Mannheim, bearbeitet v. U.Kohl u. J.Pressler. Schwetzingen: Schimper

„Burgen und Schlösser im Rhein-Neckar-Dreieck". Schwetzingen: Schimper

1

Rundfahrt durch Mannheims Hafen

Wo Goliath die Neckarschlappen entlädt

Mannheim verfügt nach den Umschlagzahlen über den viertgrößten Binnenhafen Deutschlands. Man sollte sich und seinen Kindern als Landratten einmal das zweistündige Vergnügen gönnen, gemütlich durch Mannheims Hafenanlagen zu schippern, wo die „Neckarschlappen", wie man hier die Lastkähne nennt, be- und entladen werden.

Die Fahrt mit dem Ausflugsschiff beginnt auf dem Neckar etwas unterhalb der Kurpfalzbrücke und geht zunächst flußabwärts zur Neckarspitze, der Einmündung des Neckar in den Rhein. Nach einer scharfen Kehrtwende arbeitet sich der Schiffsdiesel nun mühsam rheinaufwärts, um schon bald in den Mühlauhafen einzubiegen. Hier findet alljährlich die international besetzte Oberrheinische Ruder-Regatta statt. Am Ende des Hafenbeckens befindet sich eines der modernsten Containerterminals in Deutschland. Sehenswert liegt auch der gewaltige Schwimmkran vor Anker, der gut und gerne 200-Tonnen-Lasten anheben kann. Das Schiff macht nun kehrt, fährt wieder zum Rhein und folgt diesem weiter aufwärts bis zum Rhein-Pegel und in die Nähe des Mannheimer Schlosses. Wir wenden erneut, und nun geht es deutlich schneller flußabwärts, vorbei an 'Goliath', Mannheims größtem Hafen-Kran, und vorbei an der BASF, einer der größten Chemieanlagen Deutschlands auf der linken Rheinseite. Nach einigen Flußkilometern mit Industrielandschaften wird die Kulisse naturnaher, und wir biegen nach rechts in den Waldhofer Altrhein.

Auch wenn sich hier die große Mülldeponie, die Müllverbrennungsanlage sowie Mannheims höchster Berg, der 'Monte Scherbelino', befinden, sind die Uferzonen und kleinen Lagunen Naturschutzgebiet. Nach dem Öl- und Sportboothafen unterqueren wir die Diffené-Brücke, die bei hohem Wasserstand für die Durchfahrt nach oben klappt. Hier befinden sich die großen Getreidesilos, deren Lagerkapazität von etwa

300.000 Tonnen reichen würde, Mannheim zehn Jahre lang mit Mehl zu versorgen. Nun geht's in die Kammerschleuse, die den Höhenunterschied zwischen Rheinarm und Neckar von 30 Zentimetern überwinden hilft. Nach wenigen Minuten legt das Schiff wieder bei der Kurpfalzbrücke an.

Toureninfos

Rhein-Neckar-Fahrgastschiffahrt GmbH, Untere Neckarstraße 17, 69117 Heidelberg, Tel. 06221/20181, Fax 20211 oder (Juni-Mitte September): An der Kurpfalzbrücke, 68159 Mannheim, Tel.0621/ 23448.

Mo und Mi 9.30 - 11.30 Uhr, 14-16 Uhr (Ende Juni bis Anfang September).

Erwachsene DM 13,-, Kinder (4 bis 12 Jahre) DM 8,50.

Die Ausflugsschiffe sind alle bewirtschaftet.

Parkmöglichkeiten im Parkhaus der Stadtwerke oder am Neckarufer in der Neckarstadt.

MVG-Bahnen und OEG (Haltestellen Kurpfalzbrücke und Neckartor).

2

Der Mannheimer Herzogenriedpark

Ein Flügel von Mannheims 'Grüner Lunge' - Betreten erwünscht

Flankiert vom Eislaufzentrum Herzogenried (80) und dem Herzogenriedbad liegt eine Parklandschaft, die schon lange vor der Bundesgartenschau im Jahr 1975 den Mannheimern ans Herz gewachsen ist. Doch seit dieser Ausstellung wurde der Park zum echten Kleinod, zur Freizeit-

landschaft, die ihresgleichen sucht, ein abwechslungsreiches Terrain für bewegungshungrige Großstadtkinder. Rings um die Multihalle, einer allwettertauglichen Zeltkonstruktion, unter der bei Großveranstaltungen 2600 Besucher Platz finden, gruppieren sich, eingerahmt von herrlichen Blumenrabatten, viele Spielplätze und Spielmöglichkeiten. Hinter der Multihalle finden die Kleinsten einen Wasser- und Matsch-Spielplatz, die Jugendlichen daneben ein eigenes Becken für ferngesteuerte Wasserfahrzeuge. Folgt man dem Parkrundgang nach Osten, kommt man zum großen Sportgelände mit Tartanbahn zum Sprinten und dahinter zu den öffentlichen Tennisplätzen (Reservierung gegen Vorkasse am Parkeingang). Auch Minigolf und Trimm-Dich-Pfad sind vorhanden. Kleinere Kinder finden mehr Gefallen am Bauernhof mit seinen Landschildkröten, Meerschweinchen, Hasen und Hühnern, Schafen, Eseln und Ponys. Oder die vielen Spielgeräte, Klettergerüste, Trampolinmatten oder am Sandelplatz die Spielzeugeisenbahn, die sich mit Sand beladen und auf stabilen Schienen rangieren läßt. Um an den großen Wasserspritzpistolen zum Zuge zu kommen, muß man oft erst einige Großeltern zur Seite bitten; zu groß ist die Herausforderung, hier seine Geschicklichkeit unter Beweis zu stellen.
Das Schöne am Besuch des Herzogenriedparks sind seine familienfreundlichen Preise; Eis, Getränke und kleine Gerichte überfordern nicht das elterliche Portemonnaie und alle Vergnügungen sind im Eintrittspreis enthalten. Angenehm und nachahmenswert ist auch die Tatsache, daß alle Wiesen im Herzogenriedpark betreten werden dürfen. Transportable Stühle und Liegen stehen überall zur freien Benutzung.

Toureninfos

Stadtpark Mannheim GmbH, Gartenschauweg 12, 68165 Mannheim, Tel. 0621/410050, Fax 4100555; Parkverwaltung Herzogenriedpark Tel. 293-7512.

Geöffnet ab 9 Uhr; Kassenschluß bei Dämmerung (Mai-August 21 Uhr); Ausgang jederzeit durch Drehkreuze (kinderwagengerecht); mehrere Baby-Wickelräume.

Tageskarte Erwachsene DM 2,50 (März-Oktober; sonst DM 2,-); Kinder (6 bis 15 Jahre) DM 1,50 (März-Oktober; sonst DM 0,50);

Hunde haben keinen Zutritt. Fahrräder, Rollschuhe u.ä. verboten.

Restaurant an der Multihalle (Fr. Ruhetag), Tel. 0621/303575; zwei Kioske.

Parkplatz am Haupteingang (Nähe Herzogenriedbad); Großparkplatz auf dem Neuen Meßplatz. Anfahrt über Waldhofstraße und Ortsteil Neckarstadt (gut ausgeschildert).

MVG-Bahnen 1 und 3 (Haltestelle Neuer Meßplatz).

Eislaufzentrum Herzogenried (80).

Herzogenried-Bad (Freibad) direkt in der Nachbarschaft vom Haupteingang.

Mit dem Rad durch Mannheims "Grüne" Lunge - den Käfertaler Wald

3

Eine Radtour quer durch den Käfertaler Wald

Zwischen Dünen und Schützengräben (Karte S.34)

Die Zeiten, als Büchsenknall und Hörnerklang durch die weiten Wälder zwischen Käfertal und Lorsch klangen, sind vorbei; heute knallen bestenfalls die staatlichen Jäger dem Wild hinterher. Häufiger sind dagegen die Panzergeschütz- und Maschinengewehrsalven amerikanischer GIs in Mannheims Norden zu vernehmen, die in den Sanddünen des Käfertaler Waldes den Ernstfall proben. Doch derartiger Lärm ist in Zeiten der Abrüstung seltener geworden. Es war Kurfürst Carl Theodor, der zwischen 1742 und 1747 ein sternförmiges Wegenetz in den Käfertaler Wald schlagen ließ. In die dichten Wälder wurde allerlei Viehzeug aus dem Odenwald herangeschafft, das den kurfürstlichen Herren vor die Jagdflinten getrieben wurde. Heute leben nicht mehr allzu viele Rehe, Hirsche und Sauen in freier Wildbahn; eher schon im vielbesuchten Wildgehege - und dort in trauter Gesellschaft von Bisons und Mufflons. Direkt am Karlstern starten wir eine von vielen möglichen Radtouren durch den Wald.
Schnurgeradeaus fahren wir die Ahornallee zwischen dem verlockenden Biergarten (den wir uns als Belohnung für den Schluß aufheben) und Minigolfplatz. Nach zwei Kilometern kann man sich links an einem Fußballplatz austoben oder die Kräfte erst einmal sparen und an einer Schutzhütte rechts abbiegen. Der 'Alte Frankfurter Weg' bringt uns nach weiteren zwei Kilometern zur ersten Einkehr, dem Schützenhaus; hier kann man nicht nur bürgerlich-preiswert essen, sondern auch den Bogenschützen bei ihrem Sport zuschauen. Ist kein Sitzplatz unter den Kiefernbäumen mehr zu ergattern, sparen wir unseren Hunger bis zur nächsten Station, dem Gasthaus 'Heide', auf. Dorthin kommen wir, indem wir am alten Zellstoff-Wasserwerk unseren Drahtesel nach Norden ausrichten und am Kindererholungsheim vorbeifahren. Man orientiert sich am besten immer am Waldrand und kann dabei das Waldrestaurant 'Heide' nicht verfehlen. Die große Schneise, die hier den Wald

durchzieht, ist heute mit Hochspannungmasten verunziert. Leider sind von der alten Eisenbahnstrecke, die vor dem Krieg die Gemeinden Viernheim und Lampertheim verband, nur noch Schotterreste zu erkennen. Wir folgen dem Waldrand noch ein paar hundert Meter und fahren dann auf dem Grenzweg direkt nach Osten wieder in den Wald. Nach dem großen Militär-Schießplatz kommen wir in ein hügeliges Dünengelände, in dem es erneut rechts abzubiegen gilt in den 'Kranzlacher Weg', der ab dem verfallenen Jägerhaus 'Alte Mannheimer Poststraße' heißt. Wir folgen diesem Weg ohne weitere Abbiegung wieder bis zum Karlstern. Hier gibt es zahlreiche Verweilmöglichkeiten: der große Karlsternweiher, der Wildpark, das Rotwildgehege, der große Spielplatz, der Minigolfplatz, das Vogelgehege und letztlich ein Netz von zehn numerierten Rundwanderwegen, auf denen man die Fahrradtour beliebig erweitern kann.

Toureninfos

Die Tour ist auch für kleine Radler geeignet, da sich die Strecke beliebig verkürzen läßt. Verfahren kann man sich in dem sternförmigen Wegenetz nur mit Schwierigkeiten. Nach Regengüssen ist die Tour eine matschige Angelegenheit; meist versickert das Wasser aber nach wenigen Stunden im sandigen Boden.

Gesamtwegstrecke 17 Kilometer. Das Vogelgehege am Karlstern ist täglich bis eine Stunde vor Dunkelheit geöffnet.

Eintritt in das Vogelgehege frei.

Gaststätte 'Schützenhaus' (geöffnet 10-23 Uhr; Mo Ruhetag), Tel. 0621/783341; Waldrestaurant Heide (täglich ab 11 Uhr), Tel. 06206/52766; Restaurant Am Karlstern (11-24 Uhr), Tel. 0621/751177.

P Parkplätze rings um den Karlstern; Anfahrt über Ortsteil MA-Waldhof und Waldpforte/Karlsternstraße oder MA-Käfertal und Lampertheimer Straße.

MVG-Bus Linie C (Haltestelle Langer Schlag).

K Wasserwerk Käfertal (13)
Vom Karlstern zum Kloster Lorsch (20)

Carl-Benz-Bad (Freibad) im Ortsteil MA-Gartenstadt, Baldur-Str.57; mit dem Fahrrad in 5 min vom Karlstern zu erreichen.

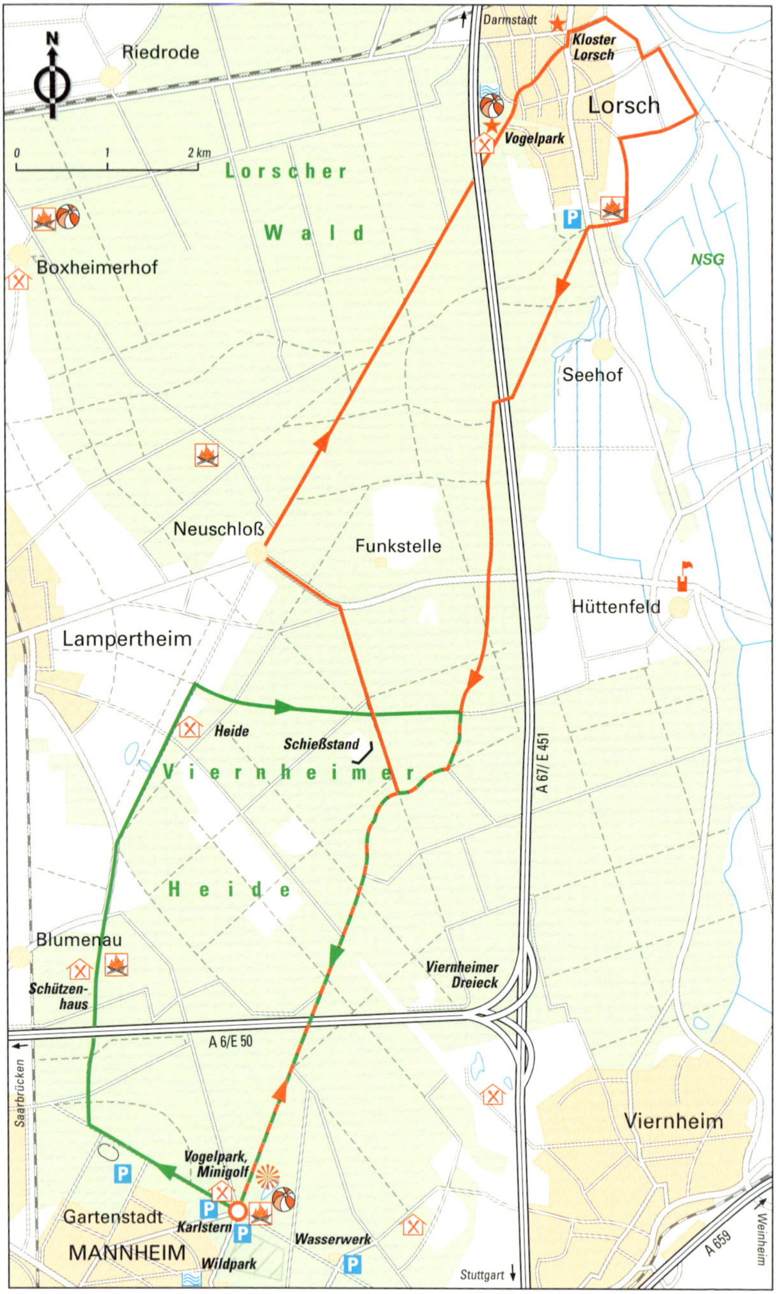

Karte zu Tour 3 und Tour 20

4

Kinder- und Jugendtheater Schnawwl in Mannheim

Nebensache

Als Ein-Mann-Theater kommt das "Schnawwl" auch zum Publikum.

Keine Lust auf Theater? Das Mannheimer 'Schnawwl' will das ändern und ist da ganz erfolgreich. 'Schnawwl' geht dabei auch neue Wege: Kommen die Kinder (und Erwachsenen) nicht ins Theater, kommt das Theater eben zum Publikum. Gespielt werden kann fast überall. Besonders das Ein-Personen-Stück 'Nebensache' eignet sich dafür gut. Unvorbereitet treffen Kinder (empfohlenes Mindestalter: fünf Jahre) auf dem Weg zum Theater vor der Tür auf einen Musikanten, einen Penner, Aussteiger oder was immer sie von ihm halten. Er begegnet ihnen zur großen Überraschung später wieder als Hauptakteur, der seine Lebensgeschichte erzählt. Mit einfachen Mitteln und Requisiten wird die Geschichte vom Bauer Klaus gespielt, teils lustig, teils besinnlich-traurig, der mit geborgtem Geld kaufte und kaufte und von den Schulden beinahe erdrückt wurde, immer mehr arbeiten mußte und schließlich Familie und allen Besitz verlor und auf der Straße landete.
Das Schnawwl hat sich auf sozialkritische Stücke für Kinder und Jugendliche verlegt, die auch für Erwachsene sehenswert sind. Kein Theater im üblichen Sinn, sondern eines, das von Improvisation und Interaktion mit dem Publikum lebt. Üblicherweise wird im Kulturzentrum der 'Alten Hauptfeuerwache' gespielt. Dort gab und gibt es u.a. 'Goodbye Lucy Hallo Lucy' (ab 8 Jahre), 'Pu der Bär' (ab 4 Jahre), 'Einsame Mama' (ab 13 Jahre), 'Die Eisprinzessin' (ab 14 Jahre), 'Die kleine Zoogeschichte' (ab 4 Jahre).

Toureninfos

Schnawwl am Nationaltheater Mannheim, Kulturzentrum Alte Hauptfeuerwache, Am Alten Meßplatz, Brückenstraße 2, 68167 Mannheim, Tel. 0621/1680302, Fax 1680308.

Vorbestellung Mo - Fr 10-12 Uhr, sonst Anrufbeantworter.

Erwachsene DM 20,- ; Kinder und Ermäßigte DM 10,-, 2. Kind DM 5,-.

Café in der Alten Hauptfeuerwache.

Parkhaus/Tiefgarage hinter der Alten Hauptfeuerwache im Gebäudekomplex 'Neckarufer-Nord'. Anfahrt über Mannheim-Innenstadt und Kurpfalzbrücke zum Ortsteil Neckarstadt.

MVG-Bahnen 1, 2 und 3 (Haltestelle Alte Feuerwache) und OEG (Haltestelle Kurpfalzbrücke).

5

Das Landesmuseum für Technik und Arbeit

Papier handgeschöpft

Der Zugang zum Landesmuseum für Technik und Arbeit ist sicherlich nicht ganz einfach; anders als in üblichen Technikmuseen werden hier nicht bestimmte Produktlinien nach dem Prinzip 'Die Geschichte des Automobils' verfolgt. Der Besucher soll stattdessen eine Art 'Zeitreise' durch die Jahrhunderte in Südwestdeutschland durchleben und dabei den technischen, sozialen und politischen Wandel nachvollziehen. Es gibt zwei vernünftige Möglichkeiten, Kindern die Inhalte dieses Museums näherzubringen: einmal der übliche Rundgang, der ausnahmsweise ganz oben (Ebene A) im Zeitalter des Barock und der Aufklärung beginnt und über die Napoleonischen Kriege (Ebene B), die Auswanderung nach Amerika (Ebene C), die Industrielle Revolution (Ebene D), das Mannheimer Arbeitermilieu (Ebene E) der zwanziger Jahre bis zu Neuzeit (Ebene F) führt.
Man kann sich (etwas weniger systematisch) auch gezielt interessante Demonstrationen herauspicken, über deren Ort und Zeit am Eingang in Handzetteln informiert wird. Letzteres dürfte sicherlich die einprägsamste Weise sein, denn zum Anfassen und Ausprobieren gibt es im Museum sonst kaum etwas. Kein Kind wird die frühere Papiertechnik vergessen, wenn es einen selbstgeschöpften Bogen mit nach Hause nehmen darf. Daneben wird mit Druckmaschinen gedruckt, historische Werkzeugmaschinen vorgeführt, eine Dampfmaschine betrieben und erklärt sowie eine automatische Fertigungsstraße demonstriert. Kinder können in einem riesigen Tretrad die Wirkungsweise des mechanischen Hebels erfahren, eine Schmiede kennenlernen oder mit der historischen Eisenbahn (leider nur ein paar Meter) fahren.
Für Kinder gibt es eine tägliche Kinderwerkstatt (Ebene A), in der unter fachkundiger Leitung gebastelt wird. Mädchen und Jungen zwischen 8 und 15 Jahren können darüber hinaus jeden Samstag an der 'Forschungswerkstatt' teilnehmen, um sich dort „ins Wunderland der Biolo-

Technik begreift man am besten beim Anfassen

gie, Physik, Elektronik, Ökologie oder Chemie" zu begeben (Treffpunkt vor der Kasse). Alle Vorführungen im Eintrittspreis enthalten.

Toureninfos

Landesmuseum für Technik und Arbeit, Museumsstraße 1, 68165 Mannheim, Tel. 0621/4298-9, Fax -754; Museumspädagogischer Dienst Tel. -839, Fax -723. Museumsschiff am Neckar (Kurpfalzbrücke) Tel. 1565756. Führungen und Gruppenvorführungen auf Bestellung. Anmeldung zur Forschungswerkstatt unter Tel. 0621/532204.

Di u. Do 9-17 Uhr, Mi 9-20 Uhr, Sa 10-17, So und Feiertag 10-18 Uhr; Mo geschlossen. Offene Kinderwerkstatt Mi 15-16.30 Uhr, So 14-15.30 Uhr; Forschungswerkstatt für Kinder Sa 14.30-16.30 Uhr.

Erwachsene DM 5,-, Kinder (6-16 J.) DM 3,-, Familienkarte DM 7,-; Mi ab 12 Uhr freier Eintritt; Schulklassen DM 1,- pro Person. Offene Kinderwerkstatt und Forschungswerkstatt kosten nur Museumseintritt. Museumsschiff DM 1,-. Bei Sonderausstellungen geänderte Preise. Kombikarte mit Luisenpark Erwachsene/Kinder DM 8,-/6,50.

Cafeteria, Kaffeeinsel und eine bewirtschaftete 'Arbeiterkneipe' befinden sich im Haus.

P Großparkplatz beim Autobahnende Mannheim-Mitte (BAB A 656/ B 37) und vor dem Landesmuseum (gut ausgeschildert). Anfahrt über die BAB oder Augustaanlage.

MVG-Bahnen 6 und V (Haltestelle Landesmuseum).

K Planetarium (7)
Luisenpark (6)

6

Der Mannheimer Luisenpark

Jedes Jahr 365 Tage Bundesgartenschau

„Zur Bundesgartenschau vor 20 Jahren waren sie am schönsten - doch seither werden sie jedes Jahr schöner", möchte man zu Herzogenriedpark (Tour 2) und Luisenpark sagen. Einzigartige Blumenrabatten, ein uralter Baumbestand, Teichanlagen, Gebirgsbäche, endlose Spielwiesen und nicht zuletzt viele Spielplätze machen den Besuch im über einhundert Jahre alten Luisenpark zum tagesfüllenden Ereignis - und dies eigentlich zu jeder Jahreszeit. Alle Attraktionen zu nennen, würde den Rahmen sprengen; für DM 2,50 gibt es an den Kassen eine bebilderte Broschüre, die über 50 sehenswerte Dinge beschreibt.
Zwei Möglichkeiten gibt es, den Besuch systematisch anzugehen. Betritt man den Park am unübersehbaren Mannheimer Fernmeldeturm, sollte man sich gleich rechts halten und im weiten Bogen um den Weiher mit seinen gelben Gondeln die Spielplätze ansteuern. Möchte man die Kinder von der tollen Burganlage loseisen, gelingt das am ehesten mit den Verlockungen des Pflanzenschauhauses. Flamingos, Schildkröten, Meerschweinchen, Pinguine und zahlreiche Vogelarten gibt es im Außenbereich zu betrachten; in der tropischen Schwüle im Innern füh-

Andrang bei der Seilbahn im Luisenpark

len sich nicht nur exotische Pflanzen wohl, sondern auch die Affen, Schlangen und die Fische im Untergeschoß.
Neben den wechselnden Sonderausstellungen ist vor allem das Schmetterlingsparadies zum Publikumsmagneten geworden.
Kommt man vom Landesmuseum für Technik (Tour 5) her, nimmt man den Haupteingang Friedensplatz am Fahnenhügel und steuert von hier zum Pflanzenschauhaus, vorbei am großen Eulengehege. Den Kenner unter den jüngsten Parkbesuchern wird es mit unbändigem Verlangen jedoch gleich zum Freizeithaus ziehen, wo man gegen ein kleines Pfand allerlei Spielgeräte ausleihen kann. Hier gibt es Freizeitkurse für jung und alt; Tischtennis-, Tennis- und Grillanlagen, ein kleines Freilufttheater, unzählige Spiel-, Hüpf- und Schaukelmöglichkeiten - sogar eine Riesenschaukel, die den Eltern vorbehalten ist! Auf dem Wasserspielplatz kann man dagegen so richtig im Matsch baden oder mit den stabilen Metall-Baggern Sand umladen. Wer davon noch nicht genug hat, darf auf dem Bauernhof die Tiere streicheln, auf der Freizeitwiese Ball spielen, auf der Seebühne einem Konzert oder einem Theaterstück lauschen, um sich anschließend mit der Gondoletta erschöpft übers Wasser ziehen zu lassen.
Im gesamten Luisenpark gilt das gleiche wie im Herzogenriedpark: Betreten der Wiesen erlaubt und alle Spielmöglichkeiten zum Nulltarif.
Verläßt man den Luisenpark wieder am Fernmeldeturm, kann man einen Abstecher zur 121 Meter hohen Aussichtsplattform machen und

bei schönem Wetter den weiten Rundblick über Mannheim und die Rheinebene genießen (Tip: Stadtplan mit hinaufnehmen!). Der Besuch des Drehrestaurants ist ein lohnender, wenngleich nicht gerade billiger Abschluß eines ereignisreichen Tages, an dem - auch ohne Restaurantbesuch - selbst verwöhnte Kinder hochzufrieden sein dürften.

Toureninfos

Stadtpark Mannheim GmbH, Gartenschauweg 12, 68165 Mannheim, Tel. 0621/410050, Fax 4100555; mit 41 Hektar Gesamtfläche eine der größten Parkanlagen Europas.

Geöffnet ab 9 Uhr (täglich, ganzjährig); Kassenschluß bei Dämmerung (Mai-August 21 Uhr); Ausgang jederzeit durch Drehkreuze (kinderwagengerecht); mehrere Baby-Wickelräume; Pflanzenschauhaus: 10-18.30 Uhr (im Winter bis 16.30 Uhr).

Tageskarte (Park und Pflanzenschauhaus): Erwachsene DM 5,- (März-Oktober; sonst DM 3,50); Kinder (6 bis 15 Jahre) DM 2,50 (März-Oktober; sonst DM 1,50); verbilligte Abendkarten. Kombikarte mit Landesmuseum: Erwachsene DM 8,-, Kinder DM 6,50, (November-Februar: DM 5,50/3,50).

Hunde haben keinen Zutritt. Fahrräder, Rollschuhe u.ä. verboten.

Gondoletta (Rundfahrt/Teilstrecke): Erwachsene DM 4,50/3,-, Kinder DM 3,-/2,-, Familien DM 11,-/7,-; Aufzug Fernmeldeturm: Erwachsene DM 5,-, Kinder (ab 7 Jahre) DM 3,50.

Café am Pflanzenschauhaus (Mo Ruhetag), Tel. 0621/411270; Seerestaurant (Fr Ruhetag), Tel. 0621/411457; Drehrestaurant Skyline im Fernmeldeturm Tel. 0621/419292 (Jan und Febr geschlossen); Weinstube Tel. 0621/411463; Festhalle Baumhain Tel. 0621/412179; zwei Kioske.

P Großparkplatz beim Autobahnende Mannheim-Mitte (BAB A 656/ B 37) beim Landesmuseum (gut ausgeschildert). Kleinerer Parkplatz direkt am Fernmeldeturm.

MVG-Bahnen 6, V, (Haltestelle Luisenpark); OEG (Haltestelle Fernmeldeturm).

K Landesmuseum für Technik und Arbeit (5)
Planetarium (7)

Kindervorstellung im Planetarium Mannheim

Wo geht's denn hier zur Milchstraße?

Es sind schon tolldreiste Abenteuer, die die Schüler einer 5.Klasse im Jahr 3001 bei ihrer Klassenfahrt auf der Milchstaße erleben. Von ihrem Raumschiff schauen sie zur Erde, marschieren über die Mondoberfläche und landen schließlich auf dem zerklüfteten Planeten Mars. Als hier plötzlich ein Sandsturm losbricht, muß überstürzt die Weiterreise angetreten werden. Auf dem Weg zum Jupiter taucht ein Komet als 'Weltraumgespenst' auf, und auch der Asteroidgürtel kann den jugendlichen Weltraumfahrern nichts anhaben. An der Grenze des Sonnensystems wird dank eines Zeittunnels die Entfernung zum 68 Lichtjahre entfernten Stern Aldebaran im Sternzeichen 'Stier' auf wenige Minuten verkürzt.
Das alles können Kinder zwischen 5 und 12 Jahren (und natürlich Ältere und Junggebliebene) im Planetarium auf einer 624 Quadratmeter-Leinwand mit einem der berühmten Zeiß-Projektoren erleben. Hinzu kommen noch Video- und Musikeinspielungen sowie die Bilder aus zahlreichen Diaprojektoren. In drehbaren und schwenkbaren Sesseln kann man dem 45-minütigen Kinderprogramm in der großen Kuppel gut folgen. Interessantes aus fernen Galaxien und Milchstraßen wird in dieser Programmreihe kindgerecht dargeboten. Daneben gibt es im Planetarium für Jugendliche und Erwachsene noch das Hauptprogramm, das turnusmäßig alle zwei bis drei Monate wechselt. An Weihnachten zeichnet beispielsweise der Großprojektor mit unzähligen Lichtpunkten die Konstellationen des Sternenhimmels über Palästina zur Zeit Christi Geburt im Zeitraffer nach.
Bei dem regulären Programm (Altersbeschränkung ab 6 Jahren) dürften die meisten Kinder Verständnisschwierigkeiten haben; das Kinderprogramm ist dagegen eine gute Empfehlung - vorausgesetzt, man hat die Karten rechtzeitig reservieren lassen.

Toureninfos

Planetarium Mannheim, Wilhelm-Varnholt-Allee 1 (Autobahnoval), 68165 Mannheim, Tel. 0621/415692. Telefonische Kartenreservierung Di, Do und Fr 10-12 und 14-16 Uhr, Mi 13.30-16.30 und 17.30-19 Uhr; Sa, So und Feiertag 13.30-17 Uhr.

Die Kinderprogramme laufen Sa, So und Feiertag um 15 Uhr und dauern etwa 45 Minuten; in den Schulferien Sondertermine. Altersbeschränkung: Regelprogramme ab 6 Jahre, Kinderprogramme ab 5 Jahre.

Erwachsene DM 8,-; Kinder (5 bis 14 Jahre) DM 5,-; Schüler DM 6,50.

Eine Cafeteria mit Kaffee, Kuchen und Getränken befindet sich im Haus.

Großparkplatz beim Autobahnende Mannheim-Mitte (BAB A 656/ B 37) beim Landesmuseum für Technik und Arbeit (gut ausgeschildert). Anfahrt über die BAB oder Augustaanlage.

MVG-Bahnen 6 und V (Haltestelle Planetarium).

Landesmuseum für Technik und Arbeit (5)
Luisenpark (6)

8

Mannheimer Puppentheater für Kinder (und Erwachsene)

Glitschiges von König Frosch

Eigentlich ist er gar nicht glitschig, eher freundlich knuffelig, mit seinen großen (Ostereier-) Pappkulleraugen. Kein Wunder, das Kuscheltier der Tochter von Doris von Neuenstein, einzige Schauspielerin im 'Froschkö-

nig' nach den Gebrüdern Grimm, stand hier Pate. Als der gelangweilten Königstocher die goldene Kugel in den Brunnen fällt und der Frosch sie erst gegen das Versprechen, geheiratet zu werden, heraufholt, gehen die drei bis fünfjährigen Knirpse begeistert mit.
Die Mannheimer Puppenspiele, längst ein Begriff in der Theaterszene, haben immer Erwachsenen- und Kinderstücke auf dem Spielplan. Mit dem 'Froschkönig' wurde dieses Mal Neuland betreten: die Akteurin spielt alle Puppen und zusätzlich sich als lebendige Person - die Prinzessin. Das erfordert viel handwerkliches Geschick für die Handhabung der Puppen und schauspielerische Fähigkeiten, um sich mit Charakter, Stimme und Spielweise von den anderen „Akteuren" abzugrenzen. Gespielt wird mit Flach- und Schattenfiguren vor einem Art-Deko-Spiegel. Er wird zum Thronsaal des Königs und zur Projektionsfläche für das Schattenspiel. Der 'Froschkönig' liegt mittlerweile in der Mottenkiste; dafür kamen 'Das Traumfresserchen', 'Der Hasenhirte' und der 'Gestiefelte Kater' auf den Spielplan.

Toureninfos

Mannheimer Puppenspiele, Figurentheater am Kurpfalzkreisel im Untergeschoß der U 2-Schule, U 2, 68161 Mannheim; Tel. 0621/ 24949, 0800/2494949, Fax 155840.

Vorverkauf geöffnet in der Theatergemeinde für das Nationaltheater Mannheim e.V., Collinistraße 26, 68161 Mannheim, Mo-Fr 9-18 Uhr, Mi 14 -18 Uhr und 1 Stunde vor der Vorstellung. Spielzeit: Oktober bis Mai.

Vorstellungen für Kinder (3 bis 5 Jahre): Erwachsene DM 9,-, Kinder DM 6,-; Vorstellungen für Kinder im Schulalter: Erwachsene DM 12,-, Kinder DM 8,-.

Einkehrmöglichkeiten in der Mannheimer Innenstadt.

Parkhäuser der Innenstadt, wenige Parkmöglichkeiten in den Quadraten; Zufahrt zum Kurpfalzkreisel über die Kurpfalzbrücke oder über den Ring.

MVG-Bahn 2 (Haltestelle Kurpfalzbrücke), MVG-Bahn 1, 3, 4, 5 (OEG) und 7 (Haltestelle Neckartor).

9

Kunst etwas anders im Reißmuseum Mannheim

'Reißnägel' auf Mannheims Straßen

Dinosaurier sind bei allen Kindern absolute Hits und das Mannheimer Reiß-Museum hätte die Sonderausstellung beliebig verlängern können. Doch mittlerweile sind alle Dinos wieder in Kisten verpackt und es bleibt die Erinnerung an ein ausführliches Rahmenprogramm, das auch bei zukünftigen Ausstellungen in vergleichbarem Maß angeboten wird. Doch mit den Abteilungen zur Archäologie, Völkerkunde, Naturkunde, Stadt- und Theatergeschichte gibt es für Kinder hier viel zu entdecken.

Leider nur eine Ausstellung auf Zeit: Dinos im Reißmuseum

Wer weiß schon, was ein Kind der Römerzeit mit in die Schule genommen hat? Oder: Dürfte man mit dem ersten Fahrrad heute auf der Straße fahren? Was geschieht hinter den Kulissen des Theaters? Zu den großen Sonderausstellungen gibt es je nach Thema Kinderführungen und ein umfangreiches Rahmenprogramm mit Bastelnachmittagen und Festen.
Um die Kinder regelmäßig bei der Stange zu halten, wurde von den Museumspädagogen der Jugendclub 'Die Reißnägel' für Kinder ab 8 Jahren eingerichtet. Einmal im Monat trifft man sich zu gemeinsamen Unternehmungen rund um Mannheim und das Museum. 50 aufgeweckte Geister durchstreifen dann die Mannheimer Innenstadt, besuchen den Odenwaldlimes, schippern durch den Hafen, basteln Indianerschmuck, helfen bei Ausgrabungen oder übernachten gar an Halloween im Museum.

Toureninfos

Reiß-Museum der Stadt Mannheim (Museum für Kunst-, Stadt- und Theatergeschichte): Zeughaus C 5, Museum für Archäologie und Völker- und Naturkunde D 5, Postfach 103051, 68030 Mannheim, Tel. 0621/293-3151, Ansage: - 3150; Ausstellungsbüro Tel. 9729, Fax -9539; Museumspädagogische Abteilung: Tel. -3182 oder -9729.

Ständige Schausammlung: täglich 10-17 Uhr, Do ab 12 Uhr, Mo geschlossen.
Öffnungszeiten, Termine und Themen der Sonderausstellungen sind unterschiedlich. Ein Informationsblatt gibt's auf Anfrage. Dort stehen auch die Termine für Kinderführungen.

Reißmuseum mit allen Teilen (ohne Sonderausstellung): Erwachsene/Kinder und Schüler ab 6 Jahren DM 4,-/2,-, Familienkarte DM 6,-; Führung (zzgl. Eintritt) DM 4,-/2,-.

Jugendclub 'Die Reiß-Nägel' Jahresbeitrag DM 15,-.

Bistro 'Museumstreff' geöffnet wie Museum.

Tiefgarage unter dem Museum in D 5; Anfahrt von Ludwigshafen über Kurt-Schumacher-Brücke und Kunststraße, von Heidelberg über BAB A 656/B 37, Augustaanlage und Freßgasse.

MVG/VBL - Bahnen 2, 6, X und RHB (Haltestelle Rathaus).

10

Spaziergang über die Reißinsel

Urwald in der Großstadt

Eine Großstadt wie Mannheim tut sich nicht leicht, angesichts dichter Bebauung, steigender Verkehrsdichte und hoher Schadstoffemissionen dem Bürger möglichst stadtnah unverfälschte Natur zu bieten. Die Reißinsel, mitten im Ballungsgebiet Mannheim/Ludwigshafen gelegen, ist so ein Stückchen Natur auf knapp 100 Hektar. Es ist im Sommer nicht einfach, die Heerscharen von Badegästen für das Strandbad, von zahllosen Reitern, Spaziergängern und Joggern möglichst umweltverträglich zu kanalisieren, ihnen die verdiente Erholung zukommen zu lassen, ohne daß die reichhaltige Tier- und Pflanzenwelt dabei Schaden nimmt.

Im Herzen der Großstadt und doch unberührte Natur - die Reißinsel

Im Jahr 1914 vermachte der wohlhabende Bürger Carl Reiß die damalige 'Fasaneninsel' der Stadt Mannheim mit der Auflage, daß hier „der Baum alt werden soll und stürzen kann, ohne daß menschliche Hand ihn fällt."

Am Strandbad mit dem großen Parkplatz herrscht meist viel Trubel. Auf der großen Rasenfläche können Kinder und Erwachsene nach Herzenslust spielen, toben, grillen und campieren. Hierzu gibt es Fußball- und Volleyballfelder. Auch ein Minigolf- und ein Kinderspielplatz sind vorhanden. Das erfrischende Bad in den Fluten des Rheins ist wegen möglicher Gesundheitsgefahren offiziell noch verboten; auch eine Bade-Aufsicht gibt es nicht. Dennoch wagen an heißen Sommertagen immer mehr den Sprung ins kühle Naß. Der Spaziergang rheinabwärts, vorbei an Restaurant und Campingplatz, findet am großen Zaun sein abruptes Ende. Der Eingang zum eigentlichen Naturschutzgebiet ist endgültig gesperrt. Nur noch ein Zugang ist möglich, und der liegt auf der östlichen Seite der 'Kuckucksinsel'. Fahrradfahrer, Jogger und wilde Campierer haben das empfindliche Ökosystem derart gestört, daß der einzige Zugang über die Holzbrücke zwischen März und Juni wegen der Vogel-Brutzeit komplett geschlossen wird. In der übrigen Jahreszeit gibt es hier einen sehr lohnenden, urwüchsigen Rundweg.

Auch das verbleibende Landschaftsschutzgebiet (Waldpark) lohnt den erholsamen Besuch allemal. Zahlreiche Hinweistafeln und Wegweiser erleichtern die Orientierung für Fahrradfahrer, Spaziergänger und Kinderwagen-Schieber. Entlang dem Carl-Reiß- und Strandbadweg berichten Lehrtafeln über ansässige Vögel und was sonst noch im dichten Gebüsch seinen Unterschlupf findet.

Toureninfos

Reißinsel von März-Juni gesperrt.

Strandbadgaststätte bei schönem Wetter täglich 11-24 Uhr geöffnet, Tel. 0621/851410; zwei Kioske.

P Parkplatz am Strandbad oder vor dem Hochwasserdamm. Zufahrt über Mannheim-Neckarau und Rheingoldstraße.

MVG-Bus Linie B (Haltestelle Strandbad bzw. Rheingoldhalle).

K Tierpark Rheingönheim (24)

Strandbad (Baden offiziell nicht erlaubt)
Stollenwörth-Weiher

Städtische Kunsthalle Mannheim

Benjamin mit der langen Nase

Er ist schon ein seltsamer Geselle, dieser Benjamin, mit seiner langen Nase, die er ganz neugierig in jeden Winkel steckt und mit seinen großen Ohren, die alles Wissenswerte über die Ausstellungsstücke erhaschen. Dabei hat Benjamin viel zu kurze Hände; Anfassen ist schließlich nicht erlaubt. Hilfreich sind seine großen Füße, denn ein Museumsbesuch verlangt Steh- und Gehvermögen. Das Auffallendste sind seine wachen Augen, mit denen Benjamin jedes Bild und jede Plastik ganz genau betrachtet.

Der langnasige Benjamin ist Fachmann in Sachen Kunst

Benjamin ist nicht nur der freundliche Geselle im Museumsführer 'Benjamin in der Kunsthalle', den die Mannheimer Museumspädagogen für Kinder zwischen 8 und 14 Jahren geschaffen haben, sondern auch der Begleiter in vielen Führungen und Kursen, die speziell für Kinder hier veranstaltet werden. „Kunst soll Spaß machen" - Unter diesem Motto wird außerhalb der Schulferien an zwei Tagen der Woche je nach Alter in verschiedenen Gruppen gemalt, getöpfert, modelliert und geklebt - und das alles unter fachkundiger Leitung von Museumspädagogen. Keine Malschule im herkömmlichen Sinn, sondern der Versuch, mit Spiel und Spaß einen Zugang zur Kunst zu finden. Jeder, der Lust hat, kann kommen; das 'Offene Programm' erlaubt die Spontan-Entscheidung der Kinder je nach Lust und Laune. Daneben gibt es Kurse, für die man sich fest anmeldet und die über acht bis zwölf Nachmittage gehen. Einmal im Monat veranstalten die Museumspädagogen eine Familienführung für Eltern mit Kindern ab sieben Jahre und in den Ferien leiten sie Projekte zu bestimmten Themen der Kunst.

Toureninfos

Kunsthalle Mannheim, Moltkestraße 9, 68165 Mannheim, Tel. 0621/293-6413, Fax -6412; Museumspädagogik, Tel. -6440.

Kunsthalle: täglich 10-17 Uhr geöffnet, Do 12-17 Uhr, Mo geschlossen; Familienführung Sa (1 Mal im Monat); 'Offenes Programm': Kinder 5-6, 7 und 8-9 Jahre: Di 15-16.30 Uhr; Kinder 10-16 Jahre Do 17-18.30 Uhr.

Erwachsene DM 4,-; Kinder DM 2,-, Familienkarte DM 8,-; Familienführung DM 3,- pro Person (zzgl. Eintritt); 'Offenes Programm': pro Tag und Kind DM 4,-.

Café Bistro, Eingang Friedrichsplatz, geöffnet Di-So 10-24 Uhr, Tel. 0621/408158 und Tel. 293-6451.

Parkmöglichkeiten in der Tiefgarage unter dem Wasserturm. Anfahrt über die BAB A 656/B 37 und Augustaanlage oder über die Bismarckstraße/Innenstadtring.

DB-Hauptbahnhof (ca. 5 min); MVG-, RHB und OEG-Bahnen (Haltestelle Wasserturm).

Stellwerk der Bundesbahn (12)

12

Besichtigung des Zentralen Stellwerks der Bahn

Vorrang für den ICE

„Täglich verkehren zwischen Mannheim und Heidelberg vier Personenzüge in jede Richtung" - zumindest war das am 12.September des Jahres 1840 der Fall, als in Baden das Eisenbahnzeitalter begann. Doch das ist Geschichte. Heute verkehren im Mannheimer Hauptbahnhof, einem der wichtigsten Eisenbahnknotenpunkte Deutschlands, Tag für Tag über 600 Personenzüge mit einem Transportaufkommen von weit über 30.000 Reisenden. Hinzu kommen die Güterzüge und etwa 3100 Rangierfahrten im Bereich des Hauptbahnhofes. Das alles spielt sich auf 74 Kilometer Gleisen ab. Hier noch den Überblick zu behalten, grenzt an

Hier schlägt das Herz des Bundesbahn-Computers

ein Wunder. Mit Hilfe von Computern und einem der größten 'Gleisbildstellwerken' Deutschlands entartet das Gewirr von ein- und auslaufenden Zügen nicht zum heillosen Chaos, sondern bleibt ein minutengenaues Operieren mit Zugfreigaben, Signal- und Weichenstellungen.
Acht verschiedene Strecken laufen in Mannheim zusammen: drei auf der Westseite, fünf auf der Ostseite. Auf einer riesigen Anzeigetafel haben die vier Fahrdienstleiter jederzeit den Überblick, aus welcher Richtung sich welcher Zug nähert. Eindeutige Zugnummern verraten auch dessen Fahrziel. Sofort gibt der Fahrdienstleiter die zugehörige Nummer des Fahrziels in sein Nummernstellpult ein und hat per Leuchtfeld auf der Anzeigetafel den vorgesehenen Zuglauf innerhalb des Bahnhofs vor sich. Alle Signalstellungen sind dabei ebenso deutlich zu erkennen wie besetzte Gleisabschnitte („Blöcke") und Weichenstellungen.
Die Sicherheit hat erste Priorität: Ein Hineinfahren in besetzte Blöcke ist ebenso unmöglich wie das Umstellen von Weichen unter einem Zug.
Per Videocamera wird ein Bahnübergang mit seinen Bahnschranken überwacht.
Für jugendliche Besucher ist das Stellwerk auf den ersten Blick verwirrend, doch die Erklärungen bei der Führung verschaffen bald den nötigen 'Durchblick'. Der Besuch ist in erster Linie für ältere und technikbegeisterte Kinder zu empfehlen. Eisenbahnfans sind da besonders angesprochen, und wer zählt sich nicht dazu?

Toureninfos

Zentralstellwerk Mannheim der Deutschen Bahn, Bahnhofplatz 17, 68161 Mannheim, Tel. 0621/830-4391, Fax - 4308. Rechtzeitige telefonische Anmeldung zur Besichtigung und Führung erforderlich. Gruppenzusammenfassung nach Teilnehmerzahl.

Die Führungen werden von der Deutschen Bahn organisiert und finden in der Regel unter der Woche statt.

Besichtigung und Führung sind kostenlos.

Parkplätze im Parkhaus unter dem Bahnhofsvorplatz und im Stadtteil Lindenhof. Das Stellwerk befindet sich in dem gelben Gebäude etwa 100 Meter südlich des Hauptbahnhof-Gebäudes (Eingang Heinrich-v.Stephan-Straße).

DB-Hauptbahnhof Mannheim; MVG/VBL und RHB-Bahnen (Haltestelle Haubtbahnhof).

13

Besichtigung des Wasserwerks Mannheim-Käfertal

Erfrischendes Naß aus der Tiefe

Wasser ist das wertvollste Lebensmittel, das der Mensch hat. Doch bis aus dem Wasserhahn zu Hause in schier unerschöpflicher Menge zu jeder Tages- und Nachtzeit das kostbare Naß rinnt, hat unser Trinkwasser bereits einen weiten Weg aus den Tiefen der Rheinebene hinter sich. Die zunehmende Umweltverschmutzung und der steigende Wasserbedarf machen eine immer aufwendigere Wassergewinnung notwendig. Schon ein Liter Öl kann eine Million Liter Wasser zum Trinken unbrauchbar machen.

Einen lehrreichen Einblick in die Wassergewinnung gewährt das Wasserwerk im Käfertaler Wald. Die Länge des Einführungsvortrages und der Führung richtet sich ganz nach der Zielgruppe. Schon Kindergartenkinder verstehen, wie der Wasserkreislauf funktioniert und warum das Wasser für uns wertvoll ist. Ein Videofilm zur Einstimmung erklärt das Wichtigste. Im Käfertaler Wald fördern 27 Flachbrunnen das Wasser aus etwa 40 Metern Tiefe, und 21 Tiefbrunnen reichen sogar 160 Meter tief hinab. Pro Stunde werden hier bis zu 4000 Kubikmeter Wasser gefördert.

Während in Ilvesheim eines der vier Mannheimer Wasserwerke bereits wegen starker Wasserverschmutzung geschlossen werden mußte, ist das Käfertaler Wasser von sehr guter Qualität. Lediglich ungiftiges, aber störendes Eisen und Mangan müssen in großen Filterkiesbecken abgetrennt werden. Auf dem Rundgang wird die Funktionsweise der Filter und Pumpen anschaulich im Modell erklärt, man besichtigt Brunnenmodelle und erfährt bei den geduldigen Antworten der Bediensteten im Wasserwerk viel über Wasserchemie und -physik. Die Besucher werden durch Filterkammern geführt, in denen das geförderte Wasser zur Durchmischung mit Luftsauerstoff über Wasserfälle ins Dunkle stürzt und dabei geheimnisvoll von unten beleuchtet wird.

Im Wasserwerk Käfertal

Besichtigt wird auch die Notstromversorgung über mächtige Schiffsdiesel, deren Generatoren bei Stromausfall die Wasserversorgung Mannheims aufrecht erhalten. Die Druckpumpenhalle und die Leitwarte stellen das Ende des Rundganges dar.

Toureninfos

- **i** Wasserwerk Käfertal, Wasserwerkstraße 281, 68309 Mannheim; Rechtzeitige telefonische Anmeldung zur Besichtigung und Führung ist unbedingt erforderlich.
- Ein Besichtigungstermin wird von der Mannheimer Versorgungs- und Verkehrsgesellschaft mbH (MVV) nach Anmeldung unter Tel. 0621/290-3231, Fax 290-2860, organisiert.
- Besichtigung und Führung sind kostenlos.
- **P** Ausreichend Parkplätze am Eingang. Anfahrt über B 38 und Waldstraße. Beim Friedhof Käfertal in die Wasserwerkstraße abbiegen.
- MVG-Bus Linie R (Haltestelle Friedhof Käfertal; 30 min Fußweg).
- **K** Radtour durch den Käfertaler Wald (3)
  Vom Karlstern zum Kloster Lorsch (20)
- Carl-Benz-Bad (Freibad) im Ortsteil MA-Gartenstadt, Baldur-Str. 57; mit dem Fahrrad in knapp 10 min vom Wasserwerk zu erreichen.

Besuch in der Wetterstation Mannheim

Wo Blitz und Donner beobachtet werden

Meteorologen - die Bezeichnung „Wetterfrösche" hört man gar nicht gerne - arbeiten eher im stillen, und doch stehen ihre Wettervorhersagen täglich im Mittelpunkt des Interesses. Entgegen landläufiger Meinung sind sie aber nicht für das Wetter verantwortlich - auch dann nicht, wenn sich der Wettergott erdreistet, kurzfristig von der Vorhersage abzuweichen. Doch allzu oft ist das nicht der Fall, versichern die Techniker und Wetterfachleute in der Mannheimer Wetterstation. Ein halbes Dutzend Mitarbeiter beobachtet im Schichtdienst rund um die Uhr, was Petrus zu bieten hat und führen genauestens darüber Buch: Regen und Sonnenschein, Sturm und Windstille, Hitze und Frost, Schnee, Graupel oder Hagel. Dazu nutzen sie ein umfangreiches Sammelsurium von Geräten und Sensoren - vom Erdbodenthermometer in 1 Meter Tiefe über die weltweit genormte Wetterhütte in 2 Metern Höhe bis hinauf aufs Dach, wo sich Sonnenscheinschreiber, Strahlungsmesser und Peilgeräte für die Wolkenhöhe befinden. Am frühen Morgen steigt von der Mannheimer Station ein Wetterballon in 15 Kilometer Höhe, um von dort per Funk wichtige Wetterdaten aus der Atmosphäre zu Boden zu schicken. Mehr als 6000 dieser Stationen hängen an einem Verbundnetz, in dem mit Lichtgeschwindigkeit Wetterdaten aus aller Herren Länder ausgetauscht werden. Erst dieses Verbundnetz macht es möglich, daß alle drei Stunden in der Zentrale des Deutschen Wetterdienstes in Offenbach am Main eine Wetterkarte erstellt und an alle Wetterämter verschickt werden kann.
Eine Führung durch die Wetterstation Mannheim und der Blick über die Schulter der Wetterfachleute muß sich allerdings nach deren Dienstplan und nach den vorgeschriebenen Ableseterminen der Wetterdaten richten. Eine telefonische Voranmeldung, bei der ein Besuchstermin vereinbart wird, ist daher unerläßlich. Die Besichtigung ist für Kinder ab etwa acht Jahren geeignet.

Toureninfos zu Tour 14

Wetterstation Mannheim, Köthener Weg 20, 68309 Mannheim; Tel. 0621/707720, Fax 711700.

Führungen sind nach telefonischer Absprache am 2.Dienstag des Monats (nachmittags) vorgesehen.

Die Führung ist kostenlos.

Es gibt keine ausgewiesenen Parkplätze. Parkmöglichkeiten im Wohngebiet Mannheim-Vogelstang. Anfahrt über die B 38, Ausfahrt Vogelstang-Ost/Industriegebiet; Orientierungshilfe ist der 20 Meter hohe Windmeßturm.

MVG-Bus Linie H (Haltestelle Chemnitzer Straße).

15

Heimatmuseum Viernheim

Pusten bis zur Weißglut

Wer weiß schon, wie es in einer alten Dorfschmiede des letzten Jahrhunderts zugegangen ist? Das Viernheimer Heimatmuseum bietet hierzu allerlei Wissenswertes - und nicht nur das. Die liebevoll zusammengestellte Sammlung des Museums befindet sich im ehemaligen Forsthaus. Das Parterre zeigt die Vor- und Frühgeschichte Viernheims mit dem Übergang zum Mittelalter anhand zahlreicher Fundstücke aus dem Mittelalter. Im ersten Obergeschoß ist ein Biedermeierzimmer zu besichtigen, das Nachbarzimmer hat Themen der Neuzeit zu bieten - von der Auswanderungswelle nach Amerika über den kommunalen Neubeginn nach dem 2.Weltkrieg bis zur Geschichte der Juden in Viernheim. Für Kinder besonders interessant sind die Abteilungen über Handwerksberufe, die es nur noch selten oder gar nicht mehr gibt: in Nebengebäuden sind eine alte Backstube, eine komplett eingerichtete

Schuhmacherwerkstatt und vor allem die Schmiede eingerichtet. Bei bestimmten Anlässen erwacht das Ungetüm von Blasebalg über der Esse aus dem Jahrhundertschlaf und heizt dem Kohlenfeuer bis zur Weißglut tüchtig ein - bis im wahrsten Sinne des Wortes die Funken fliegen. Auch andere Möglichkeiten der Sauerstoffversorgung von Schmiedefeuern sind zu besichtigen. Daneben gibt es Biegemaschinen für Flacheisen von Wein- und Bierfässern und allerlei Werkzeug samt Amboß. Termine für einzelne Vorführungen erfragt man am besten telefonisch.

Toureninfos

Heimatmuseum der Stadt Viernheim, Berliner Ring 28, 68519 Viernheim, Tel. 06204/988315.

Geöffnet So 14-17 Uhr und nach Vereinbarung; Führungen nach Absprache.

Eintritt ist frei.

Einige Parkplätze in der Nähe. Anfahrt über die B 38, Ausfahrt Viernheim Mitte; das Museum liegt am südöstlichen Ortsrand.

OEG-Bahnhof Viernheim (5 Gehminuten).

Eissporthalle Viernheim (81)

16

Die Ladenburger Altstadt

Wer kennt Lopodunum?

Die Kultur von zwei Jahrtausenden schlägt dem Besucher geballt entgegen, wenn er die historische Altstadt von „Lopodunum" betritt, wie die älteste deutsche Stadt rechts des Rheins zur Römerzeit hieß. Heute ist

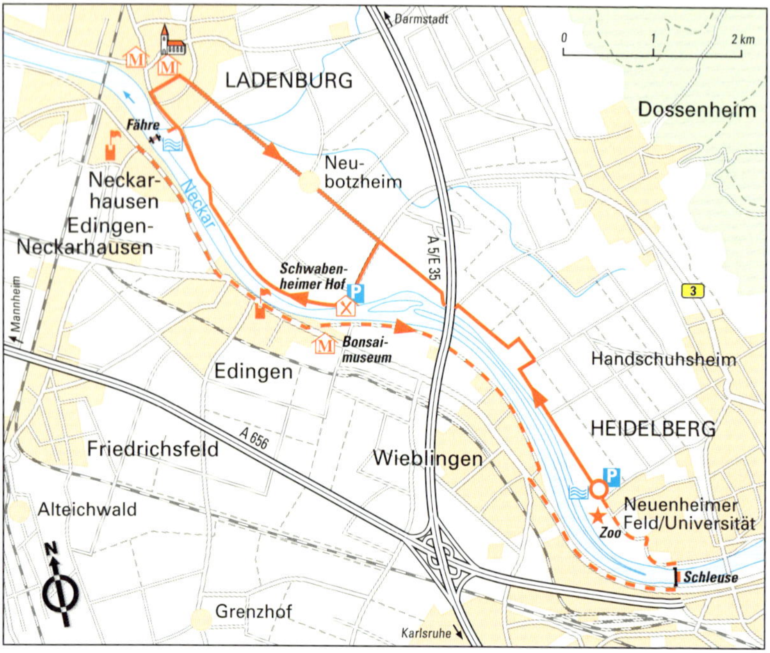

der Altstadtkern von Häusern aus vielen Epochen geprägt. Eindrucksvoller Beweis gotischer Baukunst ist die Galluskirche mit der romanischen Krypta; daneben gibt es zahlreiche Fachwerkbauten aus dem 16. und 17.Jahrhundert, besonders um den alten Marktplatz, originelle Gasthäuser und historische Weinstuben. Auf einem Stadtrundgang haben Kinder einiges zu entdecken, und wenn man den (Fahrrad-)Ausflug günstig legt, ist auch eines der Ladenburger Museen zu besichtigen.
Die Fahrt nach Ladenburg ist idealerweise etwas für das Fahrrad. Ausgangspunkt ist der Heidelberger Zoo. Von hier führt uns der Weg mehr oder minder dicht am Neckar bis nach Ladenburg. Ein Abstecher bietet sich zum Schwabenheimer Hof und dem dortigen Biergarten an. Vorbei am Ladenburger Freibad ist man gleich in der Altstadt. Dort ist das kleine Carl-Benz-Museum im ehemaligen Wohnhaus des Auto-Erfinders zu besichtigen. Unweit des Marktplatzes warten im 'Mechanischen Musik-Museum' rund 50 zart klingende Flötenuhren, voluminöse Kirmes- und Tanzorgeln, Drehorgeln und Spieluhren auf die Besucher. Bei der (obligatorischen) Führung werden sehr zur Freude der Besucher viele dieser Instrumente zum Leben erweckt. Seit Herbst 1995 ist der erste erste Abschnitt des Lobdengau-Museums im ehrwürdigen Bischofshof

geöffnet. Dort künden original ausstaffierte Legionärs-Modelle von Ruhm und Ehre römischer Zeiten. Später sollen dann Abteilungen zum Mittelalter und zur Neuzeit hinzukommen.
Für den Rückweg nach Heidelberg nehmen wir die direkte Linie auf dem Rad-Fernwanderweg Mannheim-Karlsruhe. Alternativ kann man auch die Neckarfähre nach Neckarhausen nehmen und von dort am linken Neckarufer über Edingen, Wieblingen (Besuch des Bonsai-Museums 32) nach Heidelberg zurückradeln.

Toureninfos

Bürgermeisteramt Ladenburg, Hauptstraße 7, 68526 Ladenburg, Tel. 06203/700.
Musik-Museum Gerberstiege-Färbergasse, Tel. 15335; Besichtigung nur mit Führung (Anmeldung unter Tel. 14222).
Carl-Benz-Haus Ladenburg, Dr.Carl-Benz-Platz 2, Informationen über den Heimatbund Ladenburg, Tel. 14049 und 2695.
Die Wegstrecke nach Ladenburg ist völlig eben und ohne Umweg über Wieblingen und ohne die Fahrstrecke innerhalb Ladenburgs hin und zurück etwa 17 Kilometer lang.

Carl-Benz-Haus So 14-16 Uhr geöffnet.
Musik-Museum Sa und So 14-18 Uhr geöffnet.

Musik-Museum Erwachsene DM 5,-; Kinder einschließlich Führung: DM 3,-.
Carl-Benz-Museum ist frei.

Schwabenheimer Hof: 'Zum Anker' (mit Biergarten), werktags ab 17 Uhr, am Wochenende ab 11 Uhr geöffnet, Mo Ruhetag; Tel. 06221/866031. Zahlreiche Einkehrmöglichkeiten in Ladenburg.

Parkplätze beim Tiergarten-Freibad; Zufahrt über Berliner Straße.

HSB-Bus 33 (Haltestelle Zoo) und 12 (Haltestelle Studentenwohnheim).

Heidelberger Zoo (35)
Bonsai-Museum (32)

Freibad Ladenburg; Tiergarten-Schwimmbad Heidelberg

17

Mit dem Rad durch den Biedensand

(Karte Seite 63)

Zu Besuch bei Spechten, Graureihern und Auerhähnen

Die Tour durch den Biedensand bei Lampertheim ist eine gemütliche Nachmittagstour, die keine landschaftlichen Sensationen zu bieten hat, sondern eher etwas für stille Genießer ist.

Das Naturschutzgebiet Biedensand ist zu jeder Jahreszeit reizvoll.

Wer dem trubeligen Großstadtlärm entflohen ist, muß sich erst an die leisen Geräusche der „Wildnis" gewöhnen, an das Tackern der Spechte, das Quaken der Frösche und das aufgeregte Schnattern der Wildenten. Das 530 Hektar große Naturschutzgebiet ist ein wichtiger Brut- und Futterplatz für bislang 230 registrierte Vogelarten.
Die Wegstrecke ist nur am Anfang asphaltiert und dort für Kinderwagen oder übende Radler geeignet. Besonders der spätere Weg am Rhein entlang ist teilweise holprig und nichts für schmalspurige Rennräder. Los geht's am Parkplatz am Lessing-Gymnasium, über die Brücke und vorbei an der Kleeblatt-Tränke. Knorrige, alte Obstbäume säumen den Weg bis zur kleinen Holzbrücke. Hier kann man Spechte beim „Holzhacken" beobachten oder warten, bis einer der Angler einen Hecht an Land zieht. Auf schmalen Wiesenpfaden erreichen wir den 'Vater Rhein'. Hier läßt's sich gut picknicken, wenn nicht gerade ein Hochwasser den Zivilisationsmüll der gesamten Oberrheinebene angeschwemmt hat. Nach einer kurzen Schlagloch-Strecke rollen wir über eine breite Militärstraße zur kleinen Gaststätte 'Zum Neurhein'. Am Ende der Dammkrone biegen wir nach Osten ab, halten uns zunächst dicht am Damm und fahren erst am alten Pumpenhaus wieder hinauf. Noch wenige hundert Meter und wir sind wieder am Parkplatz.

Toureninfos

Gemeindeverwaltung Lampertheim, Rathaus, 68623 Lampertheim, Tel. 06206/935212, Fax 935300.

Gesamtstrecke ca. 11 Kilometer.

Gasthaus 'Zum Fährhaus', Do-Mo 12-14 und 19-24 Uhr, Mi und Sa ab 19 Uhr geöffnet, Die Ruhetag; Tel. 06206/2260.
Gaststätte 'Zum Neurhein', täglich 11-22 geöffnet; Tel. 06206/2913.

Parkplatz am Schulzentrum. Anfahrt über die B 44 zur Ortsmitte von Lampertheim; von dort gut beschildert nach Westen.

DB-Bahnhof Lampertheim, SWL-Busse 603 u. 604 (Biedensand).

Rhein-Rundtour (18)

Freibad Lampertheim

Mit dem Fahrrad den Rhein entlang

Rheinauf, rheinab

Die große Rhein-Rundtour streift die drei Bundesländer Baden-Württemberg, Hessen und Rheinland-Pfalz. Man kann sie je nach Wohnort in Worms, Ludwigshafen oder Lampertheim beginnen. Allerdings erfordert die Strecke schon etwas Ausdauer im Gesäß.
Bei diesem Ausflug verbinden wir Teile der Touren 22, 23 und 17. Startpunkt ist wieder der Parkplatz am Schulzentrum Lampertheim. Doch diesmal zieht's uns nach Norden, am Ufer des Altrheins entlang. In einem Industriegebiet verlassen wir die Autostraße, machen beim 'Schießhof' wieder eine Kehrtwende nach Norden und stehen schon bald an der charakteristischen Rheinbrücke von Worms.
Hier kann man sich nun diversen Sehenswürdigkeiten von Worms widmen (Dom, Judenfriedhof, Stadtmauer, Hagenstandbild oder Städtisches Museum), den Tiergarten besuchen (27) oder gleich nach Ludwigshafen zurückfahren.
Entlang der Hafenanlagen lassen wir die Stadt bald hinter uns und fahren immer auf oder am Damm entlang. Lediglich am 'Oberen Busch' verlassen wir das Rheinufer für kurze Zeit, um den Kontakt zum Ufer erst wieder am Hofgut Petersau aufzunehmen. Nach der Kläranlage der BASF erklettern wir die Autobahnbrücke, um zwischen den beiden Fahrspuren (!) das zweifelhafte Vergnügen des Autoverkehrs hautnah zu erleben. Kurz hinter der Brücke wechseln wir erneut die Himmelsrichtung und steuern entlang der schönen Rheinauenlandschaft nach Norden. Auf bekanntem Weg (siehe Tour 17) erreichen wir wieder den Ausgangspunkt.

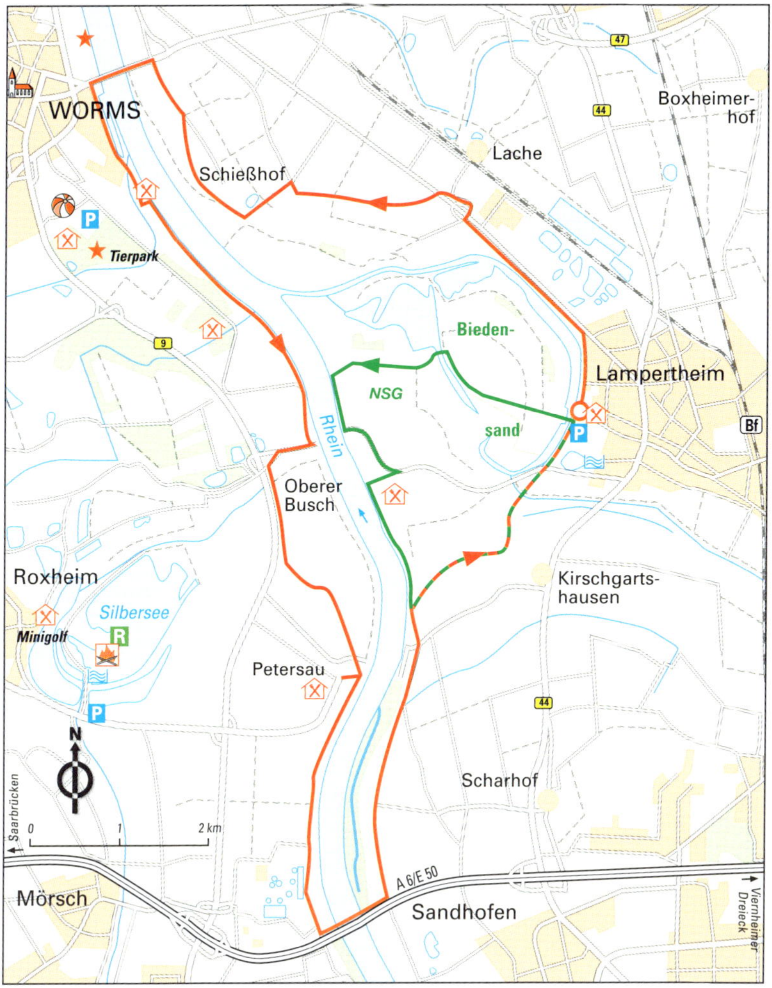

Karte zu Tour 17 und 18

Toureninfos

Gesamtstrecke etwa 27 Kilometer.

Gasthaus 'Zum Fährhaus', Do-Mo 12-14 und 19 -24 Uhr, Mi und Sa ab 19 Uhr geöffnet, Di Ruhetag; Tel. 06206/2260; weitere Einkehrmöglichkeiten in Worms.
'Zum Forsthaus', Mo Ruhetag, geöffnet täglich ab 10 Uhr, im Winter ab 11 Uhr, Biergarten; Tel. 06241/25633.

P Parkplatz am Schulzentrum. Anfahrt über die B 44 zur Ortsmitte von Lampertheim; von dort gut beschildert nach Westen.

DB-Bahnhof Lampertheim, SWL-Busse 603 u. 604 (Biedensand).

K Mit dem Fahrrad nach Worms (22)
Tiergarten Worms (27)
Naturschutzgebiet Biedensand (17)

Freibad Lampertheim

19

Umweltwanderweg Lorsch

Der Umwelt auf der Spur

„Umwelt bewußt erleben" - so lautet das Motto eines Umweltwanderwegs um Lorsch, der in drei Varianten erlebt werden kann. Zu sehen (und auf vielen Infotafeln auch zu lesen) gibt es Wissenswertes über Probleme der Bebauung, der Gewässerverbauung, über Hochwasserschäden, intensive Landwirtschaft und die Folgen für die Wasserqualität. Ferner erfährt man einiges über Fischzucht, Naturschutzgebiete, Flächenstillegung, Feuchtgebiete, Abfälle und Deponiesickerwässer sowie Freizeitanlagen in der Natur.
Es gibt eine Nordroute und eine Südroute, wobei letztere in eine Kurz- und eine Langvariante unterteilt ist. Wir haben uns für die Südroute entschieden. Die erste Hälfte ist durchweg gut befestigt und eignet sich auch für Kinderwagen. Ansonsten muß man sich mit dem Fahrrad auch auf teilweise holprige Feldwege einstellen.
Der gesamte Umweltwanderweg ist sehr gut ausgeschildert (grünes Fahrradsymbol) und als Radtour konzipiert.
Wir starten mit dem Fahrrad am Rathaus in der Nibelungenstraße (Ortsmitte). Durch die Fußgängerzone, vorbei am weltberühmten Klo-

ster Lorsch und der evangelischen Kirche erreicht man die Kreuz- und Glockenwiese. Von hier steuert man schräg auf die Weschnitz in ihrem künstlichen Bett zu. An ihrem (in Flußrichtung) linken Ufer geht's dann zum Pumpwerk; von dort wechseln wir die Himmelsrichtung auf Südwest und kommen zur Herrenbrücke. Mit viel Glück kann man hier im Wasser der Alten Weschnitz wieder Hechte, Barsche, Aale oder andere Fische entdecken.
Südlich der Herrenbrücke erstreckt sich nun das über 200 Hektar große Naturschutzgebiet 'Weschnitzinsel'. An der ersten Brücke wird der Landgraben überquert. Nun ist es nicht mehr weit bis zum 'Sachsenbuckel', wo bereits die Abkürzung der Südroute nach rechts abzweigt. Wir radeln aber weiter nach links (Süden), vorbei an einigen Ställen. Nach einigen Kilometern stoßen wir auf ein großes Feuchtbiotop auf der rechten Seite. Direkt dahinter macht der Weg einen Knick nach rechts und steuert auf die Autostraße Hüttenfeld-Lorsch zu. Bei nächster Gelegenheit überqueren wir die Straße und folgen der Beschilderung 'Kreismülldeponie'. Der Radweg von dort geht schnurgerade wieder nach Norden, ist aber eher ein holpriger Feldweg, der in einer Wiese mündet. Nach erneuter Überquerung besagter Straße kommen wir wieder zum Sachsenbuckel - einer alten Düne, die die Kinder zum Räubern und Verstecken einlädt. Nach einer kurzen Pause geht die Route weiter durch das Lorscher Gewerbegebiet zum Vogelschutz- und Lehrpark 'Birkengarten', der täglich nachmittags geöffnet ist.
Direkt anschließend ein großes Freizeitgelände mit schönen Kinderspielgeräten, Sandplatz und Tischtennisplatten. Von hier sind es nur ein paar Meter zum beheizten Waldschwimmbad. Über die Neckarstraße gelangen wir wieder zum Ausgangspunkt zurück. Wer ganz unersättlich ist, kann von hier gleich die Nordroute anschließen.
Jede Menge Informationen und eine ausführliche Wegbeschreibung mit Kartenskizze finden sich in einer kleinen Broschüre, die man beim Hessischen Umweltministerium kostenlos bestellen kann.

Toureninfos

Kultur- und Verkehrsamt, Marktplatz 1, 64653 Lorsch, Tel. 06251/596750-51. Hessisches Umweltministerium, Mainzer Str. 80, 65189 Wiesbaden, Tel. 0611/815-0. Vogelschutz- und Lehrpark 'Birkengarten', Mannheimer Straße, Tel. 06251/51714.

Südroute ca. 16 km, kleine Variante und Nordroute je ca. 8 km. Öffnungszeiten Vogelpark: Mitte April-Mitte November täglich 14-20 Uhr (So ab 10 Uhr), Mo Ruhetag.

Eintritt in den Vogelpark frei.

Kleines Restaurant im Vogelpark, Gaststätten jeder Kategorie in der Ortsmitte.

Parkmöglichkeit hinter dem Rathaus oder in den Nebenstraßen.

DB-Bahnhof Lorsch (Fahrzeit von Mannheim über Bürstadt ca. 45 min); Buslinien BRN 5520, 5517 und 5518.

Vom Karlstern zum Kloster Lorsch (20)

Waldschwimmbad Lorsch gegen Ende der Tour

20

Mit dem Rad durch den Käfertaler Wald nach Lorsch

Karte S. 34

Mit dem Rad ins Kloster

Kinder werden sich kaum davon beeindrucken lassen, daß das Kloster Lorsch zum Weltkulturerbe der UNESCO gehört; doch die äußerst abwechslungsreiche Radtour durch den Käfertaler Wald wird jung und alt begeistern. Angesichts eines Vogelpark- oder Schwimmbadbesuches in Lorsch werden auch kurze Beine gerne durch den „Käfertaler Klobürstenwald" radeln, wie die Mannheimer liebevoll ihren Wald aus Kiefern nennen. Doch spätestens seit dem verheerenden Großfeuer im Jahr 1976, dem 100 Hektar Wald zum Opfer fielen, gibt es vermehrt Mischwald mit vielen Buchen und Eichen. Der Käfertaler Wald wird zwar noch immer als militärisches Manövergelände genutzt, doch bleibt viel Fläche zum Wandern, Spazierengehen, Joggen und Radfahren.
Zentrum des Käfertaler Waldes ist der Karlstern, von dem ein sternförmiges Wegenetzes noch aus Zeiten Karl Theodors (1743-1799) ausgeht. Dieser strahlenförmige Verlauf macht auch dem Ortsunkundigen das Verlaufen oder Verfahren im Wald praktisch unmöglich - nach wenigen hundert Metern trifft man immer wieder auf eine der langen Alleen, die den Wald durchziehen. Auf solch einer Allee legen wir auch einen großen Teil unserer Radtour zurück.
Wir beginnen am Karlstern und widerstehen zunächst allen Anfechtungen des Biergartens, der Minigolfanlage, der Tiergehege und des Abenteuerspielplatzes und fahren etwa fünf Kilometer die neue Poststraße (Alte Mannheimer Poststraße) nach Norden. Kurz vor dem verfallenen Jägerhaus biegen wir in die Klippsteinschneise, fahren am Schießstand vorbei bis zur stark befahrenen Autostraße Lampertheim-Hüttenfeld. Wir folgen ihr einen Kilometer nach Westen und erreichen die kleine Siedlung Neuschloß. Nach weiteren fünf Kilometern erreichen wir den Vogelschutz- und Lehrpark 'Birkengarten' am Ortsrand von Lorsch.

UNESCO-Weltkulturerbe Kloster Lorsch

Im beheizten Waldschwimmbad oder auch auf dem großen Spielgelände läßt es sich gut pausieren, bevor die letzten zwei Kilometer zur weltberühmten Königshalle des Klosters Lorsch aus dem Jahre 800 bewältigt werden. Sie gilt als Juwel karolingischer Baukunst und ist eines der ältesten, vollständig erhaltenen Bauwerke nachrömischer Zeit in Deutschland. Im Obergeschoß sind noch Reste alter Wandmalereien und gotischer Fresken zu sehen. Von der übrigen Klosteranlage stehen noch der romanische Kirchenrest, die Ringmauer und die Zehntscheuer.
Im Museumszentrum werden in einem volkskundlichen Teil Dinge des täglichen Gebrauchs aus der Lorscher Geschichte gezeigt; eine Abteilung enthält das Tabakmuseum, und im dritten Teil verschafft das Museum einen Einblick in das mittelalterliche Klosterleben. Ergänzend hierzu das interessante Programm der Museumspädagogen für Klassen, Kindergeburtstage und andere Jugendgruppen.

Zurück führt unsere Radtour zunächst ein Stück auf dem Umweltwanderweg Lorsch (Tour 19), allerdings nur bis zum Parkplatz am Sachsenbuckel; nach der Straße folgen wir dem Waldweg nach Südwesten, überqueren die BAB A 67 und kommen wieder zum alten Jägerhaus. Von dort ist der Weg zum Karlstern wohl vertraut.

Toureninfos

Kultur- und Verkehrsamt, Rathaus, Kaiser-Wilhelm-Platz 1, 64653 Lorsch, Tel. 06251/51446; Museumsverwaltung: Tel. 596773, Fax 587140; Vogelschutz- und Lehrpark 'Birkengarten' Lorsch: Tel. 51714.
Die Wege im Wald sind meist gut befahrbar, doch die Wegstrekke von 32 Kilometern erfordern etwas Sitzfleisch auf dem Drahtesel. Die meisten Wege im Käfertaler Wald sind gut markiert.

Gesamtwegstrecke: ca. 32 Kilometer;

Öffnungszeiten Museumszentrum täglich 10 -17 Uhr, Mo geschlossen, Führungen stündlich.
Öffnungszeiten Vogelpark: Mitte April-Mitte November täglich 14-20 Uhr (So ab 10 Uhr), Mo Ruhetag.

Vogelpark: Eintritt frei; Museumszentrum: Erwachsene DM 6,-; Kinder (6-18 J.) DM 2,-, Familien DM 12,-. Museumspädagogische Veranstaltungen für Klassen DM 3,-; Kindergeburtstage DM 50,-.

Restaurant 'Am Karlstern' (tägl. 11-24 Uhr, Mo. Ruhetag), Tel. 0621/751177; kleines Restaurant im Vogelpark und zahlreiche Einkehrmöglichkeiten in Lorsch.

Parkplätze rings um den Karlstern; Anfahrt über Ortsteil Mannheim-Waldhof und Waldpforte/Karlsternstraße oder MA-Käfertal und Lampertheimer Straße.

Anfahrt zum Karlstern: MVG-Bus Linie C, Haltest. Langer Schlag.
Anfahrt nach Lorsch: DB-Bahnhof Lorsch (Fahrzeit von Mannheim über Bürstadt ca. 45 min); Buslinien BRN 5520, 5517, 5518.

Quer durch den Käfertaler Wald (3)
Wasserwerk Käfertal (13)

Waldschwimmbad in der Nähe des Vogelparks 'Birkengarten'; Carl-Benz-Bad (Freibad) im Ortsteil MA-Gartenstadt, Baldur-Str.57; mit dem Fahrrad in 5 min vom Karlstern zu erreichen.

21

Zum Holiday Park nach Haßloch

Doppel-Looping für Schwindelfreie

Der Holiday Park Haßloch liegt zwar fast außerhalb des erfaßten Tourenbereichs, doch stellt er den einzigen Freizeitpark dieser Art zwischen Odenwald und Pfälzerwald dar. Eine Fülle von Attraktionen, die einzeln zu erwähnen ein ganzes Buch füllen würden, werden hier geboten. Angesichts der nicht ganz preiswerten Angelegenheit - schließlich läßt ein vierköpfige Familie um die 150 DM im Park - empfiehlt es sich, einen ganzen Tag für die Unternehmung zu reservieren. Geboten wird für jeden etwas, vom Kleinkind bis zum Senior. Man sollte sich freilich rechtzeitig von der Illusion befreien, alle Shows, Fahrgeschäfte oder Vorstellungen an einem Tag besuchen zu können. Dies wird um so schwieriger, je voller es wird. An einem sonnigen Wochenendtag drängeln sich schon einmal 20.000 Besucher durch das Areal und strapazieren dabei Infrastruktur, Gastronomie, Parkplätze und vor allem die Nerven der Kinder: eine Stunde Wartezeit in einer der endlosen Schlangen vor dem 'Superwirbel' (Achterbahn), den Teufelsfässern oder dem Donnerfluß mit seinen Rundbooten und Stromschnellen sind durchaus die Regel - und dies für kaum fünf Minuten Fahrvergnügen. Wer kann, geht dem Streß aus dem Weg und kommt unter der Woche. Dann hat man mehr Muße, der gewagten Wasserski-Show beizuwohnen, über die Zauberkunststücke zu rätseln oder sich mal wieder richtig in der 'Raubritterburg Falkenstein' zu gruseln. Unter dem Motto 'Mythen, Monster und Sirenen' wurde eine 4,5 Mio.-DM-Laser- und Musikschau für eine Reise in das Unterwasserreich 'Abyssa' zusammengestellt. Wer sich für seetauglich hält, kann sich dem 'Sturmschiff' anvertrauen; ein Eis sollte man sich aber für hinterher aufheben - wenn man dann noch Appetit hat. Neueste Attraktion ist der 'Free Fall'-Tower, der freie Fall von einem 70 m-Turm. Neben vielerlei Nerven- und Magenkitzel gibt's auch Geruhsames wie Kinder-

Nur etwas für "Seetaugliche" - Die Schiffschaukel im Holiday Park

eisenbahnen, die 'Tour de Fleurs' und Kinderkarussels. Angesichts vielerlei Verlockungen kommen die Kinderspielplätze meist ins Hintertreffen. Ein stimmungsvoller Abschluß des Tages ist der Besuch der Wasserorgel 'Tanzende Fontänen'.

Toureninfos

Holiday Park, 67454 Hassloch, Tel. 06324/5993-900, Fax -50.

Ende März bis Ende Oktober täglich 10-18 Uhr, manchmal auch in den Herbstferien; an Wochenenden, Feiertagen und in der Hauptferienzeit ab 9 Uhr; in den Sommerferien bis 19 Uhr.

Erwachsene/Kinder (4 bis 14 Jahre) DM 33,-/29,50, Freitag ist Familientag (außer Juli, August + Feiertag): DM 27,50 p.P. bei 4 zahlenden Personen; Geburtstagskinder frei. Alle Shows und Fahrattraktionen sind im Preis enthalten und können beliebig oft genutzt werden; viele Automaten, Schießbuden und Geschicklichkeitsspiele kosten DM 1,- oder 2,- extra. Ermäßigte Kombitickets bei Bahnanreise, auch für den Bustransfer vom Bahnhof.

Zahlreiche Kioske und Restaurants mit insgesamt 1730 Plätzen.

Großer Parkplatz am Eingang (DM 2,-). Zufahrt über BAB A 65 (Ausfahrt Haßloch), BAB A 61 (Autobahnkreuz Speyer) und über die B 9 / B 39.

DB-Bahnhof Haßloch; von dort stündlicher Buspendelverkehr (ca.10 min Fahrzeit).

22

Mit dem Rad nach Worms

Auf der Suche nach dem Schatz im Silbersee

Es ist sehr erstaunlich, welch' vielseitige Freizeit- und Naturlandschaften der Industrieraum Ludwigshafen vorweisen kann. Die Radtour, gute 30 Kilometer lang, führt durch Felder, Wiesen und Wälder, streift Kanäle, ein Museum, einen Zoo, gibt Gelegenheit, sich auf Spielplätzen auszutoben und bietet jede Menge Einkehrmöglichkeiten.

Wir starten im Ludwigshafener Stadtteil Edigheim. Wer mit der Straßenbahn anreist, fährt bis Endhaltestelle Oppau und von dort nach Edigheim. Dort hält man sich nach Westen bis ans Ortsende bzw. zum Schulzentrum Edigheim. Stößt man auf den Dammstücker Weg, folgt man diesem nach Norden in Richtung Pfingstweide und Mörsch, unterquert die B 9 und fährt immer weiter nach Norden. Den Frankenthaler Ortsteil Mörsch verläßt man auf der Roxheimer Straße wiederum nach Norden, unterquert die BAB A 6 und hält sich dann scharf rechts. Nach der Kleingartenanlage geht's erneut nach Norden auf einem schmalen, zugewachsenen Pfad - mitten auf dem Hochwasserdamm. Nach wenigen Kilometern erreichen wir einen Parkplatz und hinter dem Naturschutzgebiet den Roxheimer 'Silbersee'. Hier läßt es sich hervorragend baden, bootfahren und bei Wind sogar segeln und surfen.

Wir folgen der grünen '1' nach links und fahren immer am Ufer des Roxheimer Altrheins entlang. Freundliche Fahrradfahrer erkennt man hier meist an den Fliegen zwischen den Zähnen (!). Den Haubentauchern, Enten und anderen Wasservögeln ist die lebhafte Insektenwelt dagegen nicht unlieb. Ein Minigolf- und Kinderspielplatz lädt zum Rasten ein. Nun führt der asphaltierte Weg nach Osten durch eine abwechslungsreiche Auen- und Wiesenlandschaft bis zur Überquerung der B 9. Wir folgen hier dem Wegweiser nach Worms.

Am Biergarten 'Zum Forsthaus' kommt man kaum vorbei, ohne den Flüssigkeitsverlust mit einem Weizenbier auszugleichen. Nach einer großen Wiese zum Herumtoben erreichen wir ein Pumpwerk, überqueren den Altbach und verlassen bei dem kleinen Wäldchen die Rad-Markierung. Bei einer Schranke fahren wir direkt in den schönen Eichenwald.

Nach einem Spielplatz orientieren wir uns am großen Holzturm und gelangen nach insgesamt 15 Kilometern Fahrstrecke zum Tiergarten Worms. Wer noch nicht genug hat, kann ein paar hundert Meter weiter zum großen Abenteuerspielplatz mit dem Indianerdorf fahren. Von hier wären's nur noch zwei Kilometer bis zum Stadtzentrum Worms, doch wir machen nach ausgiebiger Rast kehrt, fahren wieder bis zum Pumpwerk und verlassen dort die gewohnte Strecke nach Osten. Hier folgen wir dem Trimm-Dich-Pfad, fahren über eine kleine Holzbrücke und dann am Rhein entlang. An einer Lagerhalle geht's rechts ab zur schon bekannten Straßenüberführung, doch wir bleiben an der Ostseite der Bundesstraße und steuern auf das Hofgut Petersau zu. In der Heimat begehrter Kartoffelchips läßt es sich gut einkehren. Gestärkt radeln wir am Hochwasserdamm entlang auf die Kläranlage der BASF

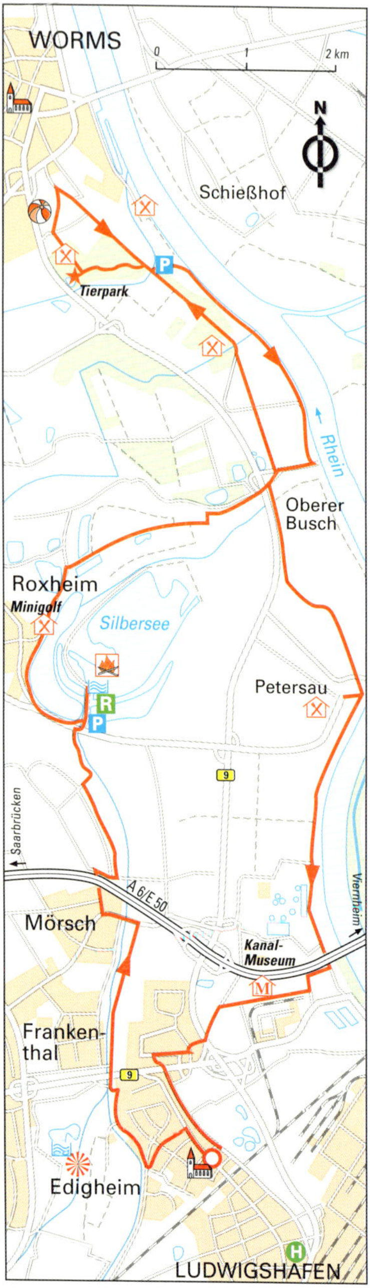

zu und folgen immer dem Kurpfalzwanderweg R1. Nach Unterführung der BAB A 6 sollte man auf eine Buschgruppe auf der linken Seite mit einer Bank achten, denn hier geht es auf einem geschotterten Weg (ohne Hinweisschild) rechts zu einem Damm, der einst den Frankenthaler Kanal begrenzte. Wo früher Baumwolle, Porzellan und andere Rohstoffe zwischen Rhein und Frankenthal verschifft wurden, weiden heute Schafe. Das kleine, aber sehenswerte Kanalmuseum ist kaum zu erkennen und selbst Frankenthalern wenig bekannt. Die alte Kammerschleuse aus dem Jahr 1839 wurde teilweise restauriert. Zurück auf dem alten Radweg geht es weiter in Richtung Edigheim, das wir nach wenigen Kilometern erreichen.

Toureninfos

Tiergarten Worms: Hammelsdamm 101, 67547 Worms, Tel. 06241/27205.

Gesamtstrecke gut 30 Kilometer.

Tiergarten Worms geöffnet März-Oktober täglich 10 - 17.30 Uhr, Sa, So + Fei 10 - 19 Uhr, November-Februar werktags 10 -16 Uhr, Sa, So + Fei 10 -17 Uhr.

Frankenthaler Kanalmuseum, geöffnet April-Oktober jeden 1.Sonntag im Monat 14-17 Uhr (Info unter Tel. 0621/5043540). Führungen können bestellt werden unter Tel. 0621/652696.

Tiergarten Worms: Erwachsene DM 3,50, Kinder (6 bis 14 Jahre) DM 1,50, Familientageskarte DM 8,-.

Gaststätte 'Zum Forsthaus', Mo Ruhetag, geöffnet täglich ab 10 Uhr, im Winter ab 11 Uhr, Biergarten; Tel. 06241/25633.

VBL/MVG Bahnen Linie 3, 12 und X, RHB-Linie 41, VBL-Bus Linie 160, 162 und 164 (Endhaltestelle Oppau).

K Tiergarten Worms (27)
Innenstadt Worms (23)

Roxheimer 'Silbersee'

23

Schiffsausflug von Mannheim nach Worms

Auf den Spuren der Nibelungen

Wir besteigen das Ausflugsschiff in Mannheim kurz unterhalb der Kurpfalzbrücke und suchen uns ein paar gute Plätze an Deck. Hier ist es von Vorteil, wenn man mit Windjacke oder Pulli vorgesorgt hat, denn an Deck zieht es meist ordentlich. Wir fahren den kanalisierten Flußlauf entlang bis zur Neckarmündung. An der Industriekulisse der BASF vorbei geht es stromabwärts in einer Stunde nach Worms. Langweilig wird es nie, denn auf dem Rhein herrscht immer reger Schiffsbetrieb. Gleich hinter der mächtigen Nibelungenbrücke legt das Schiff in Worms an und gibt uns für drei Stunden Gelegenheit, die Altstadt zu erkunden. Ein Besuch im Tiergarten ist freilich nur zu schaffen, wenn man den Rückweg nach Mannheim mit dem Fahrrad oder der Bahn geplant hat. Ansonsten heißt es sich sputen, will man den kleinen Stadtrundgang (1,5 Stunden) oder den Stadtmauerrundgang in 2 Stunden schaffen, den die Stadtinformation in einem Faltblatt vorschlägt. Besser ist es, sich auf den eindrucksvollen Kaiserdom St.Peter und die Besichtigung der Stadtmauer zu beschränken. Der Kaiserdom ist etwa einen Kilometer von der Anlegestelle entfernt.

Toureninfos

Rhein-Neckar-Fahrgastschiffahrt GmbH, Untere Neckarstraße 17, 69117 Heidelberg, Tel. 06221/20181, Fax 20211 oder (Juni-Mitte September): An der Kurpfalzbrücke, 68159 Mannheim, Tel. 0621/23448.
Verkehrsverein Worms, Tel. 06241/25045.

Abfahrt ab Heidelberg/Stadthalle 9.30 Uhr, ab Ladenburg (Sportplatz) 10.30 Uhr, ab Mannheim/Kurpfalzbrücke 11.30 Uhr, Ankunft Worms 12.30 Uhr; Abfahrt Worms 15.30 Uhr, Ankunft Mannheim 16.55, Ankunft Ladenburg 18 Uhr, Ankunft Heidelberg 19.30 Uhr.
Fahrten: Mi und fast jeden So zwischen Ende Juni und Anfang September.
Dom St.Peter: April-Oktober 8-18 Uhr und November-März 9-17 Uhr geöffnet.

Einfache Fahrt/Hin- und Rückfahrt: Erwachsene DM 19,50/28,50 ab Heidelberg, DM 9,50/16,50 ab Mannheim; Fahrräder u.Kinder (4 bis 12 Jahre) DM 11,-/19,50 DM ab Heidelberg, DM 6,-/9,50 ab Mannheim.
Eintritt in den Dom St.Peter frei (Spende erbeten).

Die Ausflugsschiffe sind alle bewirtschaftet.

In Heidelberg: Parkhäuser der Innenstadt (z.B.Stadthalle); in Mannheim: Parkmöglichkeiten im Parkhaus der Stadtwerke oder am Neckarufer in der Neckarstadt.

Heidelberg: HSB-Busse 10, 12, 35; BRN-Busse 7015, 7017, 7021, 7023 (Haltestelle Kongresshaus);
Mannheim: MVG-Linie 2 (Haltestelle Kurpfalzbrücke), MVG-Bahnen Linie 1, 3, 4, 5 (OEG) und 7 (Haltestelle Neckartor).

Besuch im Tiergarten Worms (27)
Kombinierte Schiffs-/Fahrradtour nach Ludwigshafen (22)

Mit dem Rad zum Tierpark Rheingönheim

Zu den Luchsen am linken Rheinufer

Klein aber fein ist der Ludwigshafener Tierpark bei Rheingönheim; im Prinzip ist er gut auch für Kinderwagen geeignet, doch wir wollen ihn zum Ziel einer nicht allzu langen Radtour machen, die in Mannheim beginnen soll und zwar am Stollenwörth-Weiher unweit von Waldpark und Reißinsel (9). Durch das Wohngebiet steuern wir den Rhein an, müssen jedoch das Großkraftwerk Mannheim erst einmal umfahren. Gleich dahinter kommen wir zur Fähre nach Altrip. Nach wenigen Minuten auf 'hoher See' stehen wir am rheinland-pfälzischen Ufer im Naturschutzgebiet bei Altrip. Hier erschließt ein weitläufiges Netz von Radwegen die Rheinaue-Landschaft nach Süden; doch wir halten uns strikt nach Westen, umfahren Altrip im Norden und steuern auf Rheingönheim zu. Auf halber Wegstrecke zweigt nach links (Süden) eine Straße zum Naherholungsgebiet 'Blaue Adria' ab. Diese Seenlandschaft ist sicherlich nicht so blau wie ihr Namensvetter in Italien, mit Sicherheit aber ebenso voll. Hier locken relativ naturnah Baggerseen und Altrheinarme, Ausflugslokale und ein FKK-Gelände. Wir bleiben jedoch auf der ursprünglichen Straße und biegen gleich nach dem Kiefweiher, einem beliebten Segel- und Surfrevier, nach links weg und folgen dem Rehbach bis zum Tierpark.
Dort erwarten uns keine tropischen Sensationen, sondern vielmehr europäische Tierarten in artgerechter Umgebung. Dazu zählen Weißstörche, Kraniche, Auerochsen, Tarpane und auch Luchse. Damwild, Hühner und Pfauen werden hier relativ frei gehalten und kreuzen ungeniert die Wege. An einem „Kontakthof" (Füttern ausnahmsweise erlaubt) können sich Ziegen und junge Parkbesucher gegenseitig beschnuppern. Auf dem Rückweg haben wir zweifach Gelegenheit für eine gastronomische Pause. Einmal die Gaststätte 'Zum Waldpark' und wenige Meter weiter die 'Waldmühle' mit einem kleinen Elektroscooter-Gelände für Kinder. Derweil schmeckt das in Rheingönheim ge-

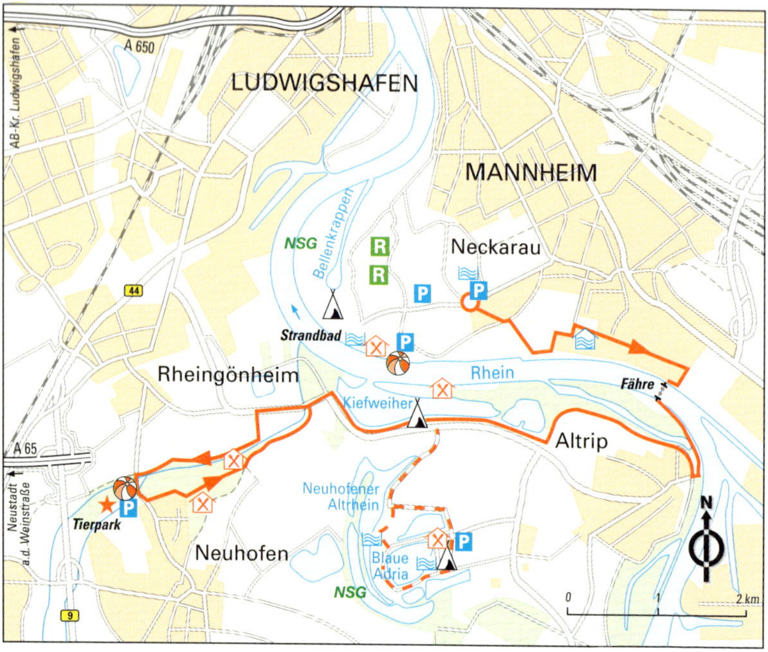

braute Weizenbier besonders gut. Wir verzichten auf den möglichen Rundweg durch die Ludwigshafener Innenstadt und ziehen dieselbe Route über die Altriper Fähre für den Rückweg vor.

Toureninfos

Wildpark Rheingönheim, Neuhöfer Straße, 67065 Ludwigshafen, Tel. 0621/5043379; Fähre Tel. 06236/399930.

Fähre Altrip täglich 5-23 Uhr, im Winter 5-22.30 Uhr; Tierpark täglich 8-18 Uhr geöffnet.
Gesamte Wegstrecke rund 25 Kilometer.

Fähre: Erwachsene DM 1,-, Kinder (6 bis 16 Jahre) DM 0,50; Fahrräder mit Fahrer: DM 1,50/1,-.
Tierpark: Erw. DM 3,-, Kinder (6-14 J.) DM 1,-, Familien DM 5,-.

'Zum Waldpark' (Di Ruhetag), Biergarten, Tel. 06236/56388 'Zur Waldmühle' (Mo Ruhetag), Biergarten, Tel. 06236/1808.

Tiere im Rheingönheimer Tierpark - Anfassen erlaubt !

P Parkplätze am Stollenwörthweiher; Zufahrt über Mannheim-Neckarau und Rheingoldstraße.
Tierpark: Parkplätze vorhanden; Zufahrt A 65/ B 9, Ausfahrt Limburgerhof, dann nach Neuhofen.

MVG-Bus Linie B (Haltestelle Stollenwörth); Tierpark: BRN-Bus-Linien 6731 und 6746.

K Spaziergang über die Reißinsel (10)

Stollenwörth-Weiher
Badegebiet 'Blaue Adria'

Werkfeuerwehr und Umweltzentrale der BASF

Blick hinter die Kulissen

Bei einem Chemieunternehmen, das an seinem Stammsitz in Ludwigshafen in 350 Produktionsbetrieben zeitweise über 42.000 Menschen beschäftigt, kann es nicht ohne Emission von Gasen und Schadstoffen abgehen, und auch das Brand- und Explosionsrisiko ist in einem Chemiebetrieb nie gleich Null. Darauf, daß alle Emissionen im Rahmen des Erlaubten bleiben und jede Betriebsstörung und Undichtigkeit schnellstmöglich registriert und beseitigt wird, haben bei der BASF zwei aufwendig ausgerüstete Abteilungen ein wachsames Auge: die Umweltüberwachung und die Werkfeuerwehr. Beide Einrichtungen können von Kindern mit ihren Eltern zu bestimmten Zeiten besichtigt werden.

Die Zentrale der Umweltüberwachung dürfte eher für Jugendliche geeignet sein, die mit Begriffen wie Kohlendioxid, Schwefel- und Stickoxid etwas anfangen können. Die einführende Ton-Diaschau erfährt derzeit eine Überarbeitung und soll sich demnächst mit gestrafftem Inhalt präsentieren. Interessant ist in jedem Fall die Meßwarte, bei der auf zahlreichen Fernsehmonitoren das gesamte Werkgelände erfaßt wird. Zeigt sich irgendwo eine Rauchfahne, machen Kameras per Fernsteuerung und Zoomfunktion das Leck ausfindig. Daneben laufen die Daten zahlreicher Sensoren ein, die Luftschadstoffe, Lärmpegel und Wasserqualität kontrollieren. Ein eigener Fuhrpark mit den charakteristischen blauen Autos steht jederzeit einsatzbereit, wenn irgendwo etwas aus dem Ruder zu laufen droht.

Wird es tatsächlich ernst, rückt die Werkfeuerwehr aus. Mehr als 200 Mann stehen mit 55 Einsatzfahrzeugen im Schichtdienst rund um die Uhr zur Verfügung. Sollte der Ernstfall eintreten, dann sind sie in drei Minuten an jeder Stelle des Werkes. Die High-Tech-Ausrüstung der Brandspezialisten dürfte das begehrteste Ziel aller jungen BASF-Besucher sein, die neuerdings nicht nur beim 'Tag der offenen Tür', sondern auch (nach Voranmeldung) an einem Samstag im Monat einen Blick hinter die Kulissen werfen dürfen. Boote, Einsatzwagen, Rettungsscheren, Schläuche, Spezialfahrzeuge und die 'marstauglichen' Brandschutzanzüge faszinieren nicht nur junge Besucher. Bereitwillig wird alles gezeigt und erklärt; wenn es die Situation erlaubt, ist auch eine kleine Rundfahrt mit 'Tatü-Tata' für die jungen Besucher drin. Zusätzlich veranstaltet das Unternehmen an jedem ersten Samstag im Monat Firmen-Rundfahrten per Bus.

Wenn es brennt, rückt die ganz schnelle Truppe aus.

Toureninfos

BASF-AG, 67056 Ludwigshafen, Tel. 0621/600. Umweltüberwachung und Werkfeuerwehr liegen dicht beieinander außerhalb des Werkgeländes in der Carl-Bosch-Straße (Gebäude Z 75). Besucheranmeldung bei der Abteilung Umfeldinformation Tel. 0621/6071640.

Beide Einrichtungen stehen an einem Samstag im Monat nach telefonischer Anmeldung zur Besichtigung. Werkrundfahrten per Bus an jedem 1. Sa im Monat (Anmeldung nicht erforderlich), Treffpunkt: Tor 2, Dauer: 1 Stunde.

Eintritt und Rundfahrten sind frei.

Parkplätze befinden sich in der Leuschnerstraße und in der benachbarten Karl-Müller-Straße. Anfahrt von Mannheim über die Kurt-Schumacher-Brücke und von Norden über die BAB A 6 (Ausfahrt Ludwigshafen-Oppau). Der Gebäudekomplex liegt gegenüber Tor 2 und dem weithin sichtbaren BASF-Hochhaus.

MVG/VBL-Bahnlinien 3, 11, 12 und X (Haltestelle BASF).

Wilhelm-Hack-Museum (26)

26

Wilhelm-Hack-Museum Ludwigshafen

Kunst für Kinder

Schon von außen fällt die 55 m lange Wand des Hack-Museums ins Auge, die von dem spanischen Künstler Joan Miró in Form von 7010 farbigen Keramikkacheln gestaltet wurde. Das Museum beruht auf einer Privat-Sammlung, die der Stadt Ludwigshafen vermacht wurde. Es zeigt Funde aus fränkischer und römischer Zeit, Kunstwerke aus dem Mittel-

Das Wilhelm-Hack-Museum ist ideal für kleine Künstler.

alter, Madonnen und Gemälde sowie zeitgenössische Kunst. Für Kinder besonders interessant ist das museumspädagogische „Drumherum": Außerhalb der Schulferien gibt es fast jeden Tag (gut besuchte) Kurse, die schon einem bzw. einer Dreijährigen das Gefühl für unterschiedliche Materialien vermitteln sollen. Fünfjährige unternehmen dagegen eine Museumsreise durch alle Abteilungen, während Siebenjährige unter fachkundiger Anleitung phantastische Zelte, Iglus, Baumhäuser, Hochhäuser und vieles mehr bauen. In der „künstlerischen Wundertüte" wird nach Herzenslust gezeichnet, gemalt, gedruckt, gegossen, getaucht, geschmiert, gekleckst und modelliert.
An Samstagen steht die Tür allen Kindern ab 5 Jahren offen: es geht immer um ein anderes Kunstwerk, das ausführlich betrachtet, diskutiert und nachgestaltet wird - Kandinskys 'Unterwassernacht' ebenso wie Jackson Pollocks 'Comet' oder ein Schmuckstück aus dem 2000 Jahre alten Gondorfer Gräberfeld. Führungen auch für kleinere Gruppen oder Kindergeburtstage werden nach telefonischer Absprache gerne organisiert.

Toureninfos

Wilhelm-Hack-Museum, Berliner Straße 23, 67059 Ludwigshafen/ Rh., Tel. 0621/5043411, Fax 5043780; Museumspädagogen: Tel. 5043412 und 5042934.

Öffnungszeiten täglich 10-17.30 Uhr, Do bis 20 Uhr, Mo geschlossen. 'Samstage für Kinder' samstags 14-16 Uhr (Anmeldung nicht erforderlich). Täglich Kurse außerhalb der Schulferien mit verschiedenen Themenangeboten und für Altersklassen ab 3 Jahren.

Erwachsene DM 4,-; Kinder (ab 6 Jahren) DM 2,-. Die Kurse (7 Nachmittage) für Erwachsene DM 80,-; für Kinder DM 65,-; 'Samstage für Kinder' (ab 5 Jahren) DM 3,-. Führungen pro Gruppe DM100,- zuzüglich DM 2,- Eintritt.

Cafeteria geöffnet bei Veranstaltungen.

Parkhaus Tiefgarage 'Am Pfalzbau'. Zufahrt über BAB A 650/ B 37, Oggersheimer Kreuz, Ludwigshafen Mitte oder von Mannheim über die Konrad-Adenauer-Brücke, Abfahrt Heinigstraße.

MVG/VBL-Bahnen Linie 10, 4 und 41 (RHB) (Haltestelle Pfalzbau); BRN-Busse 6730, 6731, 6738 u. 6746 (Haltestelle Hack-Museum).

Werkfeuerwehr und Umweltzentrale der BASF (25)

27

Ausflug in den Tiergarten Worms

Tiere zum Anfassen

Wer den Tiergarten von Worms besucht, darf hier keine wild-exotische Raubtiersammlung erwarten, sondern eher einen Tiergarten, der geradezu für Kinder konzipiert worden zu sein scheint. Das beginnt bei den

familienfreundlichen Eintrittspreisen, setzt sich mit dem attraktiven Tiergartenexpress (Rundfahrt DM 1,-) fort und zeigt sich letztlich in dem durchdachten pädagogischen Konzept: Jeder kleine Besucher erhält eine hübsche Broschüre, in der er viel von der Arbeit der Tierpfleger und Ärzte im Zoo erfährt, wo er nachlesen kann, was es mit dem Artenschutz auf sich hat und warum im Zoo so viele einheimische Tiere sind. Gleichzeitig wird der junge Besucher aufgefordert, Tierstimmen nachzumachen, Zeichnungen anzufertigen oder sich am Tiergartenspiel zu beteiligen. Es gibt Affen, Greifvögel, ein Warmhaus mit vielen Fischen, Krokodilkaimanen und Vögeln sowie ein Wasserbecken mit Wasservögeln. Neue Bewohner sind ein paar drollige Waschbären, von denen es in unseren Wäldern zwar viele gibt, die man aber nur ganz selten zu Gesicht bekommt.
Jeweils Mittwoch - und Freitagnachmittag ist für zwei Stunden der Bauernhof im Tiergarten für Kinder geöffnet - Esel, Schweine, Ziegen, Hasen und Kühe freuen sich auf Besuch und dürfen gestreichelt werden - so sie sich denn lassen.

Toureninfos

Tiergarten Worms, Hammelsdamm 101, 67547 Worms, Tel. 06241/27205.

Geöffnet März-Oktober täglich 10-17.30 Uhr, Sa, So + Fei 10-19 Uhr, November-Februar werktags 10-16, Sa, So + Fei 10-17 Uhr.

Erwachsene/Kinder (6 bis 14 Jahre) DM 3,50/1,50, Familientageskarte DM 8,-; Futterpackung DM 2,-.

Restaurant mit Spielplatz am Tierpark.

Parkplätz ausreichend vorhanden. Der Zoo liegt knapp drei Kilometer südlich der Ortsmitte von Worms bei der B 9.

Es gibt keine direkte Nahverkehrsanbindung.

Besichtigung der Innenstadt von Worms (23)
Radtour Ludwigshafen-Worms (22)

Das Bruchsaler Schloß

Klassik aus dem Automaten

Die Begeisterung für schöne Barockschlösser ist bei Kindern nur selten zu wecken; beim Bruchsaler Schloß ist das sicher anders. Es dürfte allerdings weniger am prunkvollen Barockschloß selbst und an seinem berühmten Treppenhaus liegen, das von Balthasar Neumann einst geschaffen wurde, sondern an den drei Museen im Schloß. Das Badische Landesmuseum mit seinen Kunstwerken aus der Schloßeinrichtung, das Museum der Stadt Bruchsal mit seinen Exponaten zur Eiszeit, Ur- und Frühgeschichte und vor allen das 'Museum für Mechanische Musikinstrumente' wecken Interesse bei der Jugend.
Der nahgelegene Schwarzwald gilt als die Wiege der Musikinstrumenten-Industrie. Wer hätte gedacht, daß die berühmte Schwarzwälder Kuckucksuhr das erste mechanische Musikinstrument war? Im letzten Jahrhundert wurde die Technik der Musikerzeugung per Automat weiter perfektioniert, und die Schwarzwälder Orchestrien, Jahrmarkts- und Drehorgeln gingen schon bald in alle Welt. Um die Jahrhundertwende gelang es erstmals, Werke der Komponisten Claude Debussy und Max Reger vollständig und in allen Nuancen auf einer Papierrolle zu speichern und beliebig oft originalgetreu wiederzugeben. Aus riesigen Schränken des Museums ertönen Walzerklänge, Schlagermelodien oder klassische Orgelmusik. Selbst Geigen spielen unter Klavierbegleitung zum Tanz auf - wie von Geisterhand bewegt und rein mechanisch gesteuert. Lange vor der elektronischen Tonspeicherung auf Schallplatte, Magnetband oder gar CD wurde Musik auf Blechplatten, Walzen oder auf Papierrollen konserviert. Die eigentliche Tonerzeugung freilich ging über echte Instrumente, die mechanisch oder pneumatisch angesteuert wurden. Die kleinsten Geräte finden sich in Spieluhren, Puppen, Fotoalben oder Dosen. Das Museum zeigt etwa 300 Instrumente - von der Kuckucksuhr über die berühmte Wurlitzer-Jukebox aus dem Jahr 1940 bis hin zur modernen Spieluhr, die noch immer hergestellt wird.

Gut 20 dieser ehrwürdigen 'Instrumentalkästen' werden bei der Führung klangvoll zum Leben erweckt.

Viel Musikalisches erklingt im Bruchsaler Schloß.

Toureninfos

Museum Mechanischer Musikinstrumente, Schloß, 76646 Bruchsal, Tel. 07251/742661.

Städtisches Museum: täglich 14-17 Uhr, Sa. und So. zusätzlich 9-13 Uhr; Mo. geschlossen.
Landesmuseum und Museum für Mechanische Musikinstrumente: täglich 10-17 Uhr; Mo. geschlossen. Besuch nur mit Führung (jede volle Stunde und nach Vereinbarung).

Musikinstrumentenmuseum und Schloß, einschl. beider Führungen: Erwachsene DM 7,-, Kinder (ab 6 Jahre) DM 3,50.

Einkehrmöglichkeiten im nahen Stadtzentrum Bruchsal.

Parkplätze vor dem Schloß. Anfahrt aus Richtung Heidelberg über die B 3 oder von der BAB A 5 (Ausfahrt Bruchsal) bis zu Ortsmitte.

DB-Bahnhof Bruchsal (15 min Fußweg); Buslinien 125 und 131 (Haltestelle Schloß).

Thermarium Bad Schönborn (70)

29

Der Dom und das Historische Museum Speyer

Pfälzer Schatzkammer

Ein Besuch des Historischen Museums der Pfalz ist eigentlich jedes Jahr fällig. Spätestens dann, wenn wieder eine der großen Sonderausstellungen die Tore öffnet und sich Besucherscharen aus halb Europa in den Räumen drängen. 'Das Reich der Salier', 'Götter, Menschen Pha-

Der Dom zu Speyer - die Ruhestätte zahlreicher Kaiser und Könige.

raonen, 'Der Zarenschatz der Romanov' oder die 'Leonardo da Vinci-Ausstellung' sahen jedes Jahr fast eine Million Besucher. Neben den großen gibt es auch kleine Sonderausstellungen; 'Historische Puppen', 'Teddybär und seine Freunde' oder 'Historisches Blechspielzeug' begeisterten die jungen Besucher. Ein nettes Überbleibsel der Ausstellung 'Weihnachtsträume im Erzgebirge', das sogar von Eltern gerne genutzt wird, ist das Spielzimmer. Es soll auch zukünftig zum Spielen mit Holzeisenbahnen, Rollbahnen und Kegeln einladen. Daneben veranstalten die Museumspädagogen 'Kindertage' und gestalten einen Kinderkatalog für die betreffende Sonderausstellung. Auf Wunsch führt man Kindergruppen und Kindergeburtstage durch gewünschte Teile des Museums.
Aber selbst ohne spezielle Kinderführung finden junge Besucher Gefallen an der gut aufbereiteten und optisch eindrucksvoll in Szene gesetzten Dauerausstellung. Wo kann man schon fast 2000 Jahre alten Wein zwar nicht kosten, so aber in der Originalflasche bewundern? Das Weinmuseum beherbergt daneben allerlei Utensilien des Küferhandwerks. Die Abteilung 'Vorgeschichte' mit dem 'Goldenen Hut von Schifferstadt' zeigt, daß man auch im 14.Jahrhundert v.Chr. durchaus modebewußt war. Die Abteilung 'Römerzeit' und 'Mittelalter' vermittelt, wie das Alltagsleben in der Region um Speyer in dieser Zeit ausgesehen hat. Eindrucksvoll sind hier die Modelle des Doms und der Stadt Speyer mit ihren unzähligen Türmen und Mauern, von denen heute kaum noch etwas vorhanden ist. Die Domschatzkammer ist sicher der Höhepunkt des Museums. Hier sind zahlreiche Kronen und Grabbeigaben von unschätzbarem Wert zu bewundern. Sie schmückten einst die Köpfe salischer Kaiser vor knapp 1000 Jahren. Sie wurden erst im Jahr 1900 im Speyerer Dom entdeckt. Dort kann man den Museumsausflug gut beenden. Auch wenn der Dom Kinder vielleicht weniger zu begeistern vermag als eine überschwenglich geschmückte Barockkirche mit Putten und Engelchen - spätestens in der geheimnisvollen Krypta läuft im Beisein der Gebeine von acht Kaisern und Königen sowie von drei Königinnen und Prinzessinnen jedem ein Schauer über den Rücken.

Toureninfos

Historisches Museum der Pfalz, Domplatz, 67324 Speyer, Tel. 06232/13250,Fax 132540; Ausstellung:Tel. 620222,Fax 620223.

Museum täglich geöffnet 10-18 Uhr, Mi bis 20 Uhr; Mo geschlossen; Sonderausstellung Di-So 10-19 Uhr; Führungen So 11.

Dom geöffnet (April-Oktober) 9-19 Uhr, November-März 9-13 Uhr; keine Besichtigung während der Gottesdienste (So und Feiertag 7, 9, 10.30 und 18 Uhr). Dom-Führungen täglich 9, 10, 11, 14, 15 und 16 Uhr (So 14 und 15 Uhr) nach schriftl. Anmeldung (Tel. 06232/102298 oder 102229); Dauer ca. 45 min.

Museum: Erwachsene/Kinder DM 8,-/2,-, Familien DM 18,-; Di 16-18 Uhr freier Eintritt für ständige Ausstellung; für Großausstellungen gelten Sonderpreise. Gruppenführungen (Kindergeburtstage) kosten DM 90,-. Dom-Besichtigung mit Krypta: kostenlos; Dom-Gruppenführung gegen Spende (DM 50,-).

Einkehrmöglichkeiten in der Speyerer Altstadt.

P Parkmöglichkeiten auf dem Festplatz zwischen Dom und B 39. Zufahrt weiträumig ausgeschildert. Das Museum liegt in direkter Nachbarschaft zum Dom.

DB-Bahnhof Speyer (20 min Fußweg) oder 'City-Shuttle'-Bus alle 10 min.

K Technik-Museum Speyer (30)

Ein Eldorado für Technik-Fans ist das Technik-Museum Speyer.

30

Technik-Museum Speyer mit Imax-Kino

Deutschlands südlichstes U-Boot auf Landgang

Nur ein Steinwurf vom ehrwürdigen Speyerer Dom befindet sich das Technik-Museum Speyer. Es ist ein Ableger des Auto & Technik Museums Sinsheim und hat viele ähnliche Exponate. Und doch gibt es hier einiges, was Sinsheim nicht zu bieten hat. Das fängt schon bei der denkmalgeschützten Ausstellungshalle an, die im Jahr 1913 noch im französischen Lille gestanden hat, im 1. Weltkieg demontiert und in Speyer als Flugzeugwerft verwendet wurde.
Nach aufwendigen Restaurierungsarbeiten beherbergt sie nun auf 8.000 Quadratmetern zahlreiche Lokomotiven, Autos vom Oldtimer bis zum Sportwagen, Motorräder, Flugzeuge und vor allem eine umfangreiche Sammlung von Feuerwehrautos. Dazu kommen Sonderausstellungen sowie eine Märklin (Spur 1)- und eine Lego-Ausstellung. Letztere ist insofern interessant, als hier mit Tausenden von Legosteinen diverse Rekorde der Erde, wie die Besteigung des höchsten Berges, oder die Tauchfahrt zum tiefsten Punkt unserer Ozeane, nachgebaut wurden. Die Märklin-Ausstellung dagegen ist weniger lohnend; hier tut sich wenig, wie überhaupt kleine und große Besucher kaum etwas in Bewegung setzen können.
Alle Ausstellungsstücke sind zwar sehr gut präpariert, bleiben jedoch auf Distanz, hängen weit oben an der Decke oder sind unmißverständlich abgesperrt. Das Beklettern eines Führerstandes oder Cockpits ist grundsätzlich verboten. Das gilt leider auch für die schmucke Feuerwehr-Sammlung. Sehenswert ist sicher die Musik-Automaten-Sammlung mit mehr als 50 'Selbstspielern'.
Berühmt ist das Museum durch seine 'U-9' geworden. Das 466-Tonnen-Unterseeboot wurde 1993 von der Bundesmarine ausgemustert und in einem spektakulären Transport nach Speyer geschafft. Die 'U-9' kann zwar besichtigt werden, doch fehlen leider im Innern die notwendigen Erläuterungen über den Verwendungszweck von Maschi-

nen und Geräten. In einer separaten Halle befindet sich noch ein Marinemuseum mit vielen detailgetreuen Modellschiffen und Marineutensilien.
Zwei weitere Neuheiten, die alleine einen Besuch lohnen, sind die 'Imax'-Großkinos: Das 'Imax-Classic'-Kino zeigt auf seiner 540-Quadratmeter-Leinwand in eigens für die Imax-Technik gedrehte Filme in bislang unerreichter Bildschärfe.
Für junge Besucher besonders eindrucksvoll sind 'Der blaue Planet', 'Everest', 'Wale', und `Super Speedway`. Auch 'Amazonas' begeistert das Publikum. Im 'Imax-Dom'-Kino werden Filme in eine riesige 24 Meter große und acht Meter hohe Kuppel projiziert. Sie soll noch mehr das Gefühl vermitteln, inmitten des Geschehens zu sitzen. Hier kann man sich von den Filmen `Vulkane`, `Magic of Flight`, `Living Sea` und den `Fires of Kuwait` begeistern lassen. Trotz englischsprachiger Titel sind die Filme alle in deutscher Sprache.

Toureninfos

i Technik-Museum Speyer, Geibstraße 2, 67346 Speyer, Tel. 06232/6708-0, Fax -20; 'Imax'-Programm-Telefon -50.

Technik-Museum täglich 9-18 Uhr geöffnet; Imax-Classic täglich 10-19 Uhr, Fr u. Sa bis 21 Uhr; Imax-Dome täglich 10.30-19.30, Fr, Sa u. So auch bis 21.30 Uhr; Filmdauer ca. 45 min.

Eintritt Museum oder 'Imax'-Kino: Erwachsene/Kinder (6-16 J.) 12,-/8,-; Kombikarte (Museum+Kino): DM 22,-/15,-. VRN-Kombiticket (Anfahrt von allen Stationen im VRN-Gebiet incl. Museumseintritt) DM 15,-/DM 10,-.

Restaurant im Museum täglich geöffnet.

P Ausreichend Parkplätze vor dem Museum. BAB A 61 (Ausfahrt Hockenheim) und B 39; Anfahrt gut ausgeschildert. Das Museum liegt südlich der Rheinbrücke.

DB-Bahnhof Speyer (25 min Fußweg) oder 'City-Shuttle'-Bus im 10-min-Takt.

K Speyer - Dom und Historisches Museum (29)

31

Radtour nach Altlußheim

Auf Entdeckungsfahrt nach Korsika

Heute rüsten wir zu einer Radtour nach Korsika. Hierzu müssen wir freilich weder Fährtickets ordern noch Übernachtungsvorbereitungen treffen, denn es geht nicht um die berühmte Mittelmeerinsel, sondern um eine Altrheininsel selbigen Namens südlich von Speyer. Der Weg dorthin ist eigentlich weit interessanter und abwechslungsreicher als das Ziel selbst. Start ist in Reilingen bei der Sportanlage. Gleich auf der anderen Seite der stark befahrenen Straße verschwinden wir im Wald („Untere Lußhart"), überqueren zwei Brücken und folgen auf kurvigen, aber reizvollen Wegen zunächst dem Kriegbach. Wegen teilweise holpriger Wurzeln ist der Weg nichts für Rennräder. Wer an einer Abzweigung den richtigen Weg verpaßt, muß sich nur nach Westen halten und kommt unweigerlich irgendwann zur Bahnlinie. Man muß nicht allzu lange warten, bis - sehr zur Freude der Eisenbahnfans - ein ICE mit fast 250 Sachen hier vorüberdonnert.

Vorbei an den Bagger- und Aueseen steuern wir Altlußheim an. Wir verkneifen uns zunächst das Badegebiet 'Blausee' und biegen im Gewerbegebiet rechts zum schönen Vogelpark ab; gleich nebenan ein schöner Kinderspielplatz. Dank Ouzo und griechischer Küche im Vogelpark-Restaurant besteigen die trägen Geister nach ausgiebiger Rast nur widerwillig die Drahtesel. Je nach Wetterlage und Zeitplan steht jetzt ein Besuch des 20 Hektar großen Badesees an, oder wir fahren gleich weiter zum Rhein. Dort haben wir zwar von der Krone des Hochwasserdamms einen guten Überblick, müssen aber oft mit dem Gegenwind kämpfen. Rheinhausen müssen wir leider auf schlechtem Radwegenetz durchqueren, sind aber nun bald auf Korsika. Die Altrhein-Halbinsel ist ein geruhsamer Ort, der gerne von Sportfischern besucht wird. Über gut befahrbare Feldwege kommen wir zwischen Pferdekoppel und Windhund-Rennplatz nach Oberhausen und orientieren uns dort nach Waghäusel.

Nach Überqueren der Bahnstrecke verschwinden wir wieder im Wald und steuern schnurgerade auf den Ausgangs- und Endpunkt zu.

Toureninfos

Die Radtour führt zwar meist auf gut ausgebauten Radwegen, doch muß man in manchen Ortsdurchfahrten auch die Autostraßen mitbenutzen.

Vogelpark immer geöffnet. Gesamte Wegstrecke rund 30 Kilometer.

Eintritt zum Vogelpark frei.

Gaststätte 'Zum Vogelpark', täglich 11.30-24 Uhr geöffnet.

Parkplätze beim Sportgelände. Anfahrt über BAB A 5 (Ausfahrt Walldorf/Wiesloch), B 39 nach Reilingen.

BRN-Bus 7007.

Aquadrom Hockenheim (71)
Badesee 'Blausee'

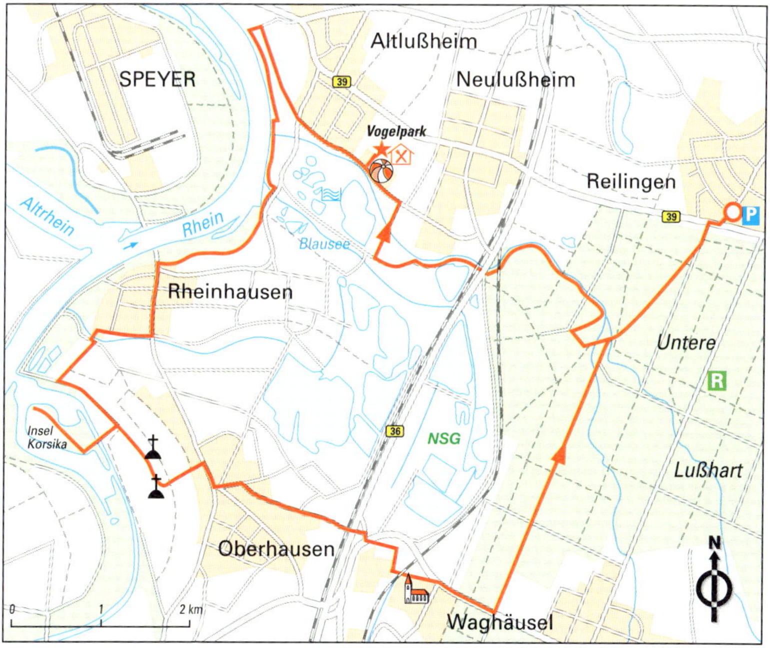

32

Besuch im Bonsai Centrum

Die uralten Zwerge aus China

Wenn man sich an dem alten Wasserturm orientiert, hat man das Bonsai Centrum zwischen Heidelberg-Wieblingen und der Gemeinde Edingen mit seinen großen Gewächshäusern bald gefunden. Kommt man mit dem Fahrrad von Heidelberg, liegt es gleich an der Straße, kurz vor Edingen. Hier umfängt uns eine ganz eigene Welt fernöstlicher Kultur - uralte, knorrige Bäume, mehr als 50 Jahre alt, steile Felsen und chinesische Spielszenen, doch alles verkleinert auf „Westentaschenformat". Was zunächst wie eine Spielerei aussieht, ist in China seit über 2000 Jahren fester Bestandteil der dortigen Kultur. Inzwischen reisen Besuchergruppen aus vielen Ländern zu dem größten Bonsai Centrum Europas nach Heidelberg.

Neben der kleinen, aber schön gemachten Ausstellung mit Wachholdern, Schwarzkiefern, Orangenjasmin u.v.a.m. gibt es eine Bücher- und Videoecke, Verkaufsräume für Bonsai-Gewächse jeden Alters und damit für jeden Geldbeutel. Wer gerade keine 40.000 DM übrig hat, kann hier ein Seminar besuchen und lernen, wie man einen Bonsai selbst züchtet. Im Sommer finden regelmäßig Kurse für Kinder statt. Nebst allen Utensilien zur Bonsai-Gärtnerei gibt es Pflanzen, Erde, die passende Schale und Dekorationsstücke zu kaufen. Während der Geschäftszeit werden gerne Führungen durch die weitläufigen Gewächshäuser durchgeführt.

Toureninfos

i Bonsai Centrum Heidelberg, Mannheimer Str. 401, 69123 Heidelberg-Wieblingen, Tel. 06221/84910, Fax 849130.

Mo-Fr 10-18 Uhr, Sa u. So 10-16 Uhr.

Erwachsene DM 5,-, Kinder (8 bis 16 Jahre) DM 3,-, Familienkarte (4 Personen) DM 12,-; Führung nach telefonischer Anmeldung (DM 30,-).

Parkplätze auf dem Gärtnereigelände.

OEG-Bus 12, OEG-Bahn A (Haltestelle Edingen-Neckarhausen); von dort gut 15 Minuten zu Fuß.

33

Familienkonzerte der Städtischen Bühne Heidelberg

Der große, graue Wolf und der mutige Peter

Das altehrwürdige Theater ist vieles gewohnt; es übersteht auch jedes Jahr den Ansturm hunderter Kinder, die in die begehrten Familienkonzerte der Stadt Heidelberg drängen. Die meisten in lockeren Jeans und den obligatorischen Turnschuhen. Man gibt sich ganz 'locker und cool'. Den Profi und Theaterkenner unter den Kids zeichnet die legäre Bein-Haltung über der Lehne aus - und dennoch macht sich erwartungsvolle Nervosität breit, der Geräuschpegel steigt unaufhörlich. Um so erstaunlicher ist die Disziplin, mit der die „Kinder" zwischen 6 und 99 dann der Aufführungen lauschen und begeistert mitgehen. So auch bei dem meisterlichen Werk Sergej Prokofieffs, 'Peter und der Wolf'.
Ausführlich werden die wichtigsten Instrumente und einzelne Musikpassagen vorgestellt. Immer wieder beziehen Dirigent und Erzähler die Kinder in das Geschehen mit ein. Selbst ohne Dekoration wird die spannende Handlung von dem bösen Wolf, dem mutigen Peter, dem vorwitzigen Vogel und der dummen Ente für alle erlebbar. Der finale Triumphzug Peters wird zur Polonaise zahlreicher Kinder, die sich in die Schlange einordnen und die gesamte Bühne in Beschlag nehmen - ein musikalisch anspruchsvoller Nachmittag und eine kindgerechte Länge von einer Stunde. In der Reihe der Familienkonzerte gibt es auch Gesungenes

('Hexen und Geister'), Experimentelles ('Faszination Schlagwerk: Samba, Zirkus und...'), Klassisches ('Karneval der Tiere'), Lustiges ('Till Eulenspiegels lustige Streiche') und besonders Anspruchsvolles ('Bilder einer Ausstellung').

Toureninfos

Konzertkasse des Orchesters der Stadt Heidelberg, Theaterstraße 4, 69117 Heidelberg, Tel. 06221/583521. Vorverkauf frühestens 14 Tage vor dem Konzerttermin. Pro Monat etwa ein Konzert.

Öffnungszeiten der Kasse: Di, Mi, Fr 10-13 Uhr und 16-18.30 Uhr, Do 10-13 Uhr und 16-20 Uhr, Sa 10-13 Uhr.

Familienkonzerte: Erwachsene DM 4,50 (Stehplatz) bis DM 21,-, Kinder DM 5,50 bis DM 11,-.

Zahlreiche Einkehrmöglichkeiten in der Heidelberger Altstadt.

Parkhäuser in der Altstadt.

Städtische Bühne: HSB-Busse 10 und 12 (Haltestelle Universitätsplatz), von dort etwa 5 min. Eintrittskarten gelten als Kombi-Ticket für alle VRN-Verkehrsmittel im gesamten Netz.

Heidelberger Schloß (34)
Kurpfälzisches Museum (36)
Märchenparadies (38)

34

Das Heidelberger Schloß

Wo Perkeo täglich 12 Liter Wein trank

Deutschlands sicherlich berühmteste Ruine hat vielerlei Attraktives - auch für Kinder. Das beginnt schon mit dem Anmarsch. Wer die 316 steilen Stufen vom Kornmarkt nicht laufen mag, nimmt eben die Bergbahn (siehe Tour 68). Letzteres empfiehlt sich besonders für die, die mit dem Auto von außerhalb anreisen: die Fahrt auf den Königstuhl mit den zahlreichen kostenlosen Parkplätzen und die Fahrt mit der Bergbahn abwärts zum Schloß (oder in die Altstadt) ist allemal billiger als die teuren Parkhäuser in Heidelberg. Apropos Geld: die Zeiten kostenlosen Eintritts ins Heidelberger Schloß sind leider vorbei. Über die Zugbrücke geht's nur mit gültigem Ticket. Schließt man sich einer (meist viel zu großen) Führung an, sieht man zwar keine alten Rüstungen oder mittelalterlichen Folterwerkzeuge, aber doch alte Gemächer, den Rup-

rechts- und den Friedrichsbau mit seiner schönen Kapelle und natürlich den Königsaal. Auch die Wohnräume der Kurfürstenfamilie sind zu besichtigen. Daß die ehemaligen Schloßherren auch zu leben wußten, sieht man an dem weltgrößten Faß, das je mit Wein gefüllt war: 221.726 Liter sollen hier hineingehen. Bei dem Weinkonsum der damaligen Zeit ein adäquates Behältnis, aber sicherlich nicht das einzige. Insgesamt haben in den Schloßkellern über 700.000 Litern Wein gelagert. Bewohnern und Gästen wird ein Tagesverbrauch von 2000 Liter nachgesagt. Der trinkfeste Südtiroler Perkeo, seines Zeichens Hofnarr und Weinwächter, soll es auf einen Konsum von täglich 12 Litern gebracht haben. Beim Genuß eines Glases Wasser habe ihn im hohen Alter der Schlag ereilt, erzählt man sich auf dem Schloß...
Nach dem obligatorischen Besuch der Schloßterrasse und dem Blick über Heidelberg bietet sich noch der Besuch des Apothekenmuseums an. Hier wurde eine einmalige Sammlung von Utensilien wie Laborgeräte, Arzneimittel und alte Schriften aus dem 16. bis 19.Jahrhundert zusammengetragen. Nach dem Schloßbesuch sollte man noch einen Abstecher in den weitläufigen Schloßgarten mit seinen Springbrunnen und Rasenflächen machen. Als Rückweg empfiehlt es sich, durch den Schloßgraben und am Pulverturm vorbei zur Altstadt zurückzuwandern.

Toureninfos

Schloßkasse, Tel. 06221/538414, Fax 167732; Verkehrsverein, Tel. 142211; Deutsches Apothekenmuseum Tel. 165780.

Schloßbereich täglich 8-17.30 Uhr zugänglich; Schloßführungen 9-19 Uhr (nach Bedarf); Faßbesichtigung auch ohne Führung; Apothekenmuseum: täglich 10-17 Uhr; Führung nach Vereinbarung.

Schloßhof mit Faß einschl. Apothekenmuseum: Erwachsene DM 3,-; Kinder 1,50; Führungen DM 4,-/2,-; Schloßpark und Außenanlagen mit freiem Zutritt.

Restaurant und Kioske am Eingang.

Parkplätze auf dem Königstuhl oder in den Parkhäusern der Altstadt.

HSB-Bergbahn (Haltestelle Schloß) nicht im VRN-Verbund.

K Wanderung nach Neckargemünd (68)
Landessternwarte (37)
Märchenparadies (38)

35

Besuch im Heidelberger Zoo

Gut gebrüllt, Löwe!

Man mag zu Tiergärten stehen wie man will, ein Besuch im Heidelberger Zoo gehört für jeden, der in der Gegend wohnt, einfach dazu. Für Kinder ist hier auch jede Menge geboten. Das beginnt gleich mit der freundlich brummigen Begrüßung durch die zotteligen Braunbären noch vor dem Eingang. Der tapsige Gang hat schon etwas Drolliges an sich, auch wenn die massigen Allesfresser alles andere als Kuscheltier-Charakter haben. Nach der Kasse folgt man am besten immer den Rundgangschildern und stößt rechts auf ein ansprechend gestaltetes Nordseepanorama mit Wellengang, Strand und Leuchtturm.
Dahinter ist gleich das Raubtiergehege mit den Ozeloten und Geparden; auch wenn man den „possierlichen Tierchen" recht nahe kommt, sollte man ihnen nicht gleich die Hand reichen. Sie könnten das möglicherweise falsch verstehen...apropos Fütterung: Wer Zeit hat, kann am Eingang die Fütterungszeiten bei den Löwen und Tigern im Raubtierhaus erfragen (nichts für schwache Nerven). Dagegen kauen die Indischen Elefanten eher genüßlich das dargereichte Gras. Man wandelt weiter zum Wolfgehege, betrachtet die Flamingos und wenn man Glück hat, zeigen sich die Waschbären.
Spassig wird es bei den Robben. Die Fütterung gestaltet sich zur kleinen Dressurnummer, von der die Kinder nur schwer zu trennen sind. Rund 30 Tonnen Heringe verfüttert der Zoo jährlich an seine Robben, Seehunde und Pelikane.

Am Affenhaus heißt es Vorsicht, denn schlechtgelaunte Affen reagieren manchmal ganz menschlich und bewerfen die Zuschauer mit Steinen. Die riesigen Orang-Utans sind dagegen hinter sicherem Panzerglas und erschrecken die Besucher nur gelegentlich mit markerschütterndem Gebrüll. Am Ende des Rundgangs haben die Kinder nochmals Gelegenheit, sich auf dem großen Kinderspielplatz so richtig auszutoben und am Kiosk ein Eis, Würstchen oder Pommes Frites zu verdrücken.
Nach dem Zoobesuch kann man je nach Wetterlage einen erfrischenden Besuch im benachbarten Freibad anschließen oder durch den Botanischen Garten der Universität zu Fuß zur Straßenbahnhaltestelle am Bunsengymnasium (Linie 1 bzw.4) marschieren.

Toureninfos

Tiergarten Heidelberg, Tiergartenstr.3, 69120 Heidelberg; Tel. 06221/645510, Fax 645588, Ansagedienst Tel. 480041. Hunde nur mit Impfpaß zugelassen.

Oktober-März: tägl. 9-17 Uhr, April-September 9-19 Uhr.

Erwachsene DM 7,-; Kinder (3 bis 15 Jahre) DM 3,-; Familienkarte DM 18,-; mit einem Elternteil DM 11,-.

Restaurant im Zoo.

Parkplätz vor dem Eingang und im gesamten Universitätsgelände 'Im Neuenheimer Feld'; Zufahrt über Berliner Straße.

HSB-Busse 33 (Haltestelle Zoo), 12 (Haltestelle Studentenwohnheim).

Radtour nach Ladenburg (16)

Heidelberger Tiergarten-Freibad (3 min zu Fuß).

36

Kurpfälzisches Museum Heidelberg

Rundgang durch die Jahrtausende

Im Gleichschritt geht's über die Neckarbrücke bei Heidelberg

Ein Rundgang durch die Heidelberger Altstadt, durch die engen Gassen über die Alte Brücke und hinauf zum Schloß, gehört eigentlich zum touristischen Pflichtprogramm Heidelbergs. Fast automatisch kommt man dabei am Kurpfälzischen Museum vorbei, für das man sich viel Zeit nehmen sollte. Hier wird eine breite Palette von der Archäologie über die Stadtgeschichte, Gemälde und Skulpturen vom 15. bis zum 20. Jahrhundert (einschließlich des berühmten Windsheimer Zwölfbotenaltars von Tilman Riemenschneider) bis zum Kunsthandwerk und zur Wohnkultur des 18. und 19.Jahrhunderts geboten. Daneben gibt es eine Graphische Sammlung und wechselnde Sonderausstellungen wie 'Jugend im Nationalsozialismus'.
Viele Kinder fühlen sich besonders von der Römerzeit angesprochen. Ein großes dreidimensionales Modell der Heidelberger Neckarbrücke mit unzähligen Reitern und Soldaten sowie das harte Leben auf einem römischen Handelsschiff läßt die jungen Museumsbesucher ihre Nasen an den Scheiben plattdrücken.
Eindrucksvoll der Kampf um die alte Festung Ladenburg, der maßstabsgetreu nachgestellt wurde. Sehenswert sind auch die alten Wasserleitungen, Mammutzähne und Relikte aus der Steinzeit. Natürlich darf der weltberühmte Unterkiefer des 'homo heidelbergensis' (zumindest in Kopie) nicht fehlen. Ob das Kunsthandwerk, die Modeausstellung oder die Gemäldesammlung das Interesse der Kinder finden, ist Geschmacksache; hilfreich ist es, den museumspädagogischen Dienst für Führungen von Schulklassen und Vorschulkindern in Anspruch zu nehmen. Daneben gibt es eine Malstube für Kinder jeden Alters, in der auch gebastelt und getöpfert wird, und einmal im Monat kommt am Samstag ein Märchenerzähler ins Museum.

Toureninfos

Kurpfälzisches Museum der Stadt Heidelberg, Hauptstraße 97, 69117 Heidelberg, Tel. 06221/58-3400, Abteilung Museumspädagogik -3413, Fax -3490.

Di-So 10-17 Uhr, Mi bis 21 Uhr, Mo geschlossen; Führungen an einzelnen Sonntagen.

Erwachsene DM 5,-, Kinder (6-18 J.) DM 1,50 (So DM 3,-/1,50).

Restaurant im Innenhof; weitere Einkehrmöglichkeiten in der Heidelberger Altstadt.

Parkhaus Engel-Block P 8 oder andere Parkhäuser der Altstadt. Zufahrt von der BAB A 656 (Autobahnende) über B 37 und Neckarstaden.

HSB-Busse 10, 12, 35; BRN-Busse 7015, 7017, 7021, 7023 (Haltestelle Kongreßhaus).

Heidelberger Schloß (34)

Märchenparadies (38)

37

Die Landessternwarte auf dem Königstuhl

Ein Griff zu den Sternen

Die Landessternwarte ist eine Forschungseinrichtung des Landes Baden-Württemberg für Grundlagenforschung auf dem Gebiet der Astronomie und Astrophysik. Ein Ausflugsziel für Kinder? In der Tat. Es ist schon erstaunlich, wie die wissenschaftlichen Mitarbeiter des Instituts ihr Besuchsprogramm den Besuchern anpassen. Sie stellen sich auf Kindergeburtstage und Kindergartenbesuche mit Dreijährigen ebenso ein wie auf fachspezifische Führungen von Astronomie-Grundkursabsolventen der Gymnasien.
„Der Mond dreht sich um die Erde" - der geduldigen Führerin schlägt das geballte Wissen eines Dreijährigen entgegen, als sie sich vorsichtig bei den Kindern nach den Planeten erkundigt. Schon Kindern werden die ungeheuren Dimensionen unseres Sonnensystems begreiflich gemacht, wenn sie den 'Planetenweg' abschreiten, der die Planeten unseres Sonnensystems in maßstäblicher Verkleinerung und Entfernung zueinander auf dem Institutsgelände zeigt. Saturn begeistert die Kinder wegen seiner Ringe; Jupiter, Mars und Venus werden erklärt und spä-

ter in der kleinen Ausstellung auf Farbdias nochmals gezeigt. Hier stehen auch alte Fernrohre, die schon (astronomische) Geschichte geschrieben haben. Nach Sonnen- und Mondfinsternis, Mondlandung und Protuberanzen geht es endlich zur Praxis: bei schönem Wetter wird eine der geheimnisvollen Beobachtungskuppeln geöffnet und die Sonne angepeilt. Auf einem Projektionsschirm erscheint die Sonne und zeigt merkwürdige Flecken: Zonen besonderer Sonnenaktivität.
Im Prinzip sind die Führungen für Kinder ab 12 Jahre geeignet; auf telefonische Absprache hin können auch jüngere teilnehmen.

Landessternwarte Heidelberg, Königstuhl, 69117 Heidelberg. Tel. 06221/5090 oder 509206, Fax 509202. Für die Donnerstag-Führung ist für Einzelpersonen im Prinzip keine Voranmeldung notwendig, hilft aber bei der Planung. Für die Nachtführung am Montag ist eine Anmeldung obligatorisch. Warme Kleidung empfehlenswert.

Nacht-Führung jeden Montagabend mit Einbruch der Dunkelheit; Besichtigung der Sternwarte jeden Do ab 15 Uhr.

Der Eintritt ist frei. Spenden sind willkommen.

Einkehrmöglichkeiten auf dem benachbarten Königstuhl-Gipfel.

Wenige Parkplätze vor dem Tor des Instituts. Großer Parkplatz auf dem Königstuhl (3 min), Zufahrt zum Königstuhl gut beschildert. Dort an der Bus-Haltestelle Hinweisschildern der Landessternwarte folgen (nicht versehentlich zum MPI für Astronomie gehen!).

HSB-Bus 21; HSB-Bergbahn (Königstuhl); nicht im VRN-Verbund.

Märchenparadies (38)
Aussichtsturm Königstuhl, Wanderung nach Neckargemünd (68)
Heidelberger Schloß (34)

38

Mit der Bergbahn zum Märchenparadies

Tischlein deck' dich...

Der Königstuhl, Heidelbergs Hausberg, bietet eine ganze Reihe von Attraktionen. Schon die Auffahrt mit der - zumindest im oberen Teil noch - historischen Bergbahn aus dem Jahr 1890 auf 568 Meter Höhe ist ein Erlebnis. Oben gibt es neben einigen Spazier- und Einkehrmöglichkeiten den Fernsehturm zu besteigen (68), die Landessternwarte zu besichtigen (37) oder das Märchenparadies aufzusuchen. Nicht selten liegt Heidelberg in dichten Nebel gepackt, und schon nach wenigen Höhenmetern mit der Bergbahn strahlt die Sonne vom makellos blauen Himmel. Auf der Gipfelhöhe herrscht dann bei guter Wetterlage eine fantastische Fernsicht über die Rheinebene hinweg bis in die Pfälzer Berge und in die Nordvogesen.

Wir halten uns nach dem Verlassen der Bergbahn rechts und kommen nach hundert Metern zum Heidelberger Märchenparadies, das mitten im Wald liegt. Es ist sicherlich Geschmacksache, Märchenfiguren aus Plastik und hinter Glas per Knopfdruck „zum Sprechen" zu bringen. Doch manchen Kindern gefällt's. Die Eltern freilich müssen einen gefüllten Geldbeutel mitbringen, denn außer den Märchenszenen aus Zwerg Nase, Schneewittchen, Münchhausen usw. müssen die meisten Vergnügungen per Münzeinwurf separat bezahlt werden. Hier eine Mark, dort eine Mark - der relativ günstige Eintrittspreis erscheint bald in anderem Licht. Kostenlos sind der Spielplatz mit Klettergerüst und der Drachen, der per Pedalkraft auf einer Kreisbahn läuft. Autoscooter und elektrische Kindermotorräder, die Pferdebahn auf Schienen, Spielzeugbagger, die große Dampfeisenbahn, die auf holprigen Schienen das Gelände durchquert, sowie die ferngesteuerten Elektroboote sind Schluckspechte in Sachen Markstücke. Auch Minigolf und das Wasser-Zielschießen müssen extra gelöhnt werden.

Umsonst ist dagegen das 100-Quadratmeter-Luftkissen zum Herumtoben. Damit dem Kissen wegen einiger Lecks nicht die Puste ausgeht, sorgt ein Kompressor im Gebüsch für den notwendigen 'Nachschub'. Im Restaurant können sich die Eltern einen Kaffee genehmigen oder den Kindern per Bratwurst zu neuer Energie verhelfen.

Toureninfos

Infos zur Bergbahn: HSB, Bergheimer Straße 155, 69115 Heidelberg, Tel. 06221/5132609, Fax 5133335.

Heidelberger Märchenparadies, Königstuhl 5, 69117 Heidelberg, Tel. 06221/23416, Fax 164492.

1.März-30.November: werktags 10-18 Uhr; sonn- und feiertags sowie in den Monaten Juni, Juli und August täglich bis 19 Uhr.

Märchenparadies: Erwachsene DM 5,-, Kinder (2 bis 12 Jahre) DM 4,-, Einzelautomaten je DM 1,-, Minigolf DM 2,50; Bergbahn (Berg- und Talfahrt, Gesamtstrecke): Erwachsene DM 7,40, Kinder (6 bis 14 Jahre) DM 5,30; Kombiticket für Bergbahn, Fernsehturm und Märchenparadies für 4 Personen DM 25,-; jede weitere Person DM 6,50.

Im Märchenparadies Kiosk-Imbiß; mehrere Einkehrmöglichkeiten zwischen der Bergstation der Bergbahn und dem Fernsehturm.

P In Heidelberg das Parkhaus 'Bergbahn' oder andere Parkhäuser der Altstadt. Vor dem Märchenparadies großer Parkplatz. Anfahrt gut ausgeschildert.

HSB-Bergbahn (Königstuhl); nicht im VRN-Verbund; Bergfahrt tägl. ab 9 Uhr alle 10 min, zwischen Anfang November und Mitte April ab 10.10 Uhr (alle 20 min); letzte Talfahrt im Frühling und Herbst um 19.08 Uhr, im Sommer um 20.08 Uhr, im Winter um 17.28 Uhr; ansonsten HSB-Bus 21 bis Endhaltestelle Königstuhl.

K Heidelberger Schloß (34)
Landessternwarte (37)
Wanderung nach Neckargemünd (68)

Noch immer fährt die historische Bergbahn auf den Königstuhl.

Zum Rodeln auf den Kohlhof

Winterlandschaft am Stadtrand von Heidelberg

Großstadtkinder sind im Winter nicht zu beneiden. Mit großem Hallo werden die ersten Flocken des Winters begrüßt; doch kaum, daß der Rodelschlitten vom Dachboden geholt ist, schmilzt die weiße Pracht in der Großstadt auch schon dahin. In der Rheinebene ist der Winter meist schon vorbei, ehe er richtig angefangen hat.

Doch es gibt einen Geheimtip, der längst keiner mehr ist. An Wochenenden Staus zum Königstuhl hinauf, Einbahnstraßen-Regelung und eine endlose Schlange von rodelhungrigen Knirpsen jeden Alters zeugen davon, daß auch Heidelberg ein Wintersportort sein kann - wenn auch nur für ein paar Tage oder Wochen im Jahr. Besonders an Wochenenden würde das Gewusel am Kohlhof der berühmten Winterlandschaft Pieter Bruegels zur Ehre gereichen.
Schutzengel leisten Schwerstarbeit, wenn sich Hunderte von Kindern auf Rodelschlitten, Reifen oder Plastiktüten in zwanzig Spuren und mehr gleichzeitig zu Tal stürzen. Etwas abseits dreht ein Babylift für Skihasen und solche, die es werden wollen, gemächlich seine Runden. Bei guter Schneelage ist der Lift täglich in Betrieb; die genauen Zeiten sollte man im Heidelberger Sporthaus Körner erfragen. Langläufer sieht man ebenfalls recht häufig, doch gespurte Loipen gibt es hier nicht.

Toureninfos

Skilift am Kohlhof bei guter Schneelage täglicher Betrieb; genaue Zeiten zu erfragen beim Sporthaus Körner in Heidelberg (Tel. 06221/60880).

Tageskarte am Skilift: Erwachsene DM 15,-, Kinder DM 10,-.

Gaststätte 'Alter Kohlhof', (Tel. 06221/138310).

P Einige Parkplätze an der Posseltslust; mehr Parkmöglichkeiten parallel zur Straße zwischen 'Drei Eichen' und 'Posseltslust'. Anfahrt über Leimen und Gaiberg oder Heidelberg-Weststadt / Ehrenfriedhof bis zum Parkplatz 'Drei Eichen'. Dort Richtung Fachklinik Königstuhl abbiegen. Bei starkem Ausflugsverkehr Einbahnverkehr über Kohlhof und Königstuhl.

HSB-Bus 21 (Haltestelle Posseltslust).

K Wanderung nach Neckargemünd (68)

Großstadtkinder zieht es zum
<< Rodelvergnügen in den Odenwald

40

Das Schwetzinger Schloß

Theaterdonner mit klassischer Musik

Kurfürst Carl Theodor (1724 - 1799) wußte wohl, was schön war und vor allem: wo es schön war. Als ihm das Mannheimer Schloß zu wenig Entfaltungsmöglichkeiten für aufwendige Gartenanlagen bot, ließ er in Schwetzingen als Sommerresidenz auf 72 Hektar Fläche die bedeutendste Gartenanlage Europas bauen. In reizvollem Nebeneinander zwischen streng geometrischen, französischen Gestaltungselementen und dem Prinzip englischer Landschaftsgärten zeigt sich der Park heute als gepflegtes Kleinod, in dem man abgeschottet von Verkehrslärm genüßlich spazieren kann. Blumenrabatten, kunstvoll rotierende Wasserfontänen und endlose Baumreihen - und dazwischen eine chinesische Bogenbrücke, ein römisches Wasserkastell, zwei kleine Tempel und eine Moschee - befinden sich in der Anlage.
Man kann einem Rundweg folgen, der laut einem Faltprospekt, der am Eingang erhältlich ist (DM 1,-), mindestens zwei Stunden dauert; mit Kindern verlängert er sich entsprechend. Man kann sich aber auch einer gut einstündigen Führung durch die Räume des Barock- und Rokokoschlosses anvertrauen und durch 42 Gemächer streifen, in denen einst über 500 Adlige und Bedienstete mehr oder minder beschäftigt waren. Arbeitszimmer, Salons, Garderobenzimmer, Schlaf- und Wohnzimmer, Musik- und Speisezimmer, Jagd- und Tanzsäle - die meisten Zimmer lassen sich besichtigen und sind fast vollständig eingerichtet. Keinesfalls auslassen darf man das Rokokotheater, Schauplatz der Schwetzinger Festspiele. Untermalt von klassischer Musik und dekoriert mit aufwendigen Kulissen brechen bei der Bühnendemonstration 15 Minuten lang Blitz und Donner über die Besucher herein.

Viel zu erwandern gibt es im Schwetzinger Schloßpark >>

Toureninfos

Schloßkasse, 68723 Schwetzingen, Tel. 06202/81481, Fax 81386.

Parköffnung während der Sommerzeit 8-20 Uhr; während der Winterzeit 9-17 Uhr. Rokokotheater nur Juli-September geöffnet; Schloßführungen (April-Oktober): Di-Fr 10-16 Uhr, Sa, So und Feiertag bis 17 Uhr; November-März: nur Fr. 14 Uhr, Sa., So. und Feiertag 11, 14 und 15 Uhr. Montags bleibt das Schloß geschlossen.

Schloßgarten: Erwachsene DM 4,50, Kinder DM 2,50; Schloßführung (mit Garten): DM 9,-/4,50; Bühnendemonstration im Rokokotheater (ab 6 Jahre) DM 2,-.

Café 'Kurfürstenstube' am Schloßpark-Eingang, im Sommer täglich geöffnet 10-19 Uhr (Tel. 06202/14656), Schloßcafé-restaurant täglich 10-19 Uhr (Tel. 12020).

Zentrales Parkhaus in der Ortsmitte. Anfahrt von Süden über die B 36, von Norden über BAB A 6/Ausfahrt Schwetzingen und B 36.

DB-Bahnstation Schwetzingen, BRN-Busse 7000, 7007, HSB-Bus 20 (Haltestelle Schlossplatz).

Freizeitbad Bellamar (73)

Besichtigung der Seilerei Nußloch

Wie die Reeperbahn ihren Namen bekam

Nur selten hat man heutzutage Gelegenheit, einem beinahe ausgestorbenen Handwerk zu begegnen, das sich sogar als eigenständiger, florierender Betrieb präsentiert. Nicht etwa zu besonderen Festen und 'Tagen der offenen Tür' geht die Seilerei 'Mundelsee' in Nußloch ihrem alten Gewerbe nach, sondern fast täglich werden hier Seile in allen Längen und Dicken gedreht und geflochten. Geändert gegenüber früher hat sich freilich das Material. Hanf, einst der beliebteste Rohstoff bei den Seilmachern, darf in Deutschland derzeit nicht angebaut werden. So nimmt man bei der Familie Mundelsee Hanf aus Ungarn und Polen, indische Jute, afrikanisches Sisal, Stahl oder auch deutsche Kunstfasern aus Polypropylen, um daraus Seile nach Maß für jeden Anwendungszweck zu drehen.
Mit den Augen ist es kaum zu verfolgen, wenn die Einzelschnüre mit dem Leitholz zu immer dickeren Tauen gedreht werden; viel handwerkliches Geschick und 'Know-how' ist hier gefragt, das in dem Familienbetrieb von Generation zu Generation weitergegeben wird. Der Seniorchef erklärt seinen jugendlichen Besuchern geduldig, was es mit Kauschen, Karabinern, gespleißten Ösen und mit Reeps auf sich hat, und wie die berühmt-berüchtigte Reeperbahn in Hamburg zu ihrem Ruf kam: wenn die Seeleute am Hafen oft tagelang auf die Herstellung oder Reparatur ihrer Reeps (Taue) warten mußten, vertrieben sie sich die Zeit in Kneipen und Spelunken, die sich neben den zahlreichen Seilereien ansiedelten.
Bei den Nußlocher Landratten sind dagegen weniger Schiffstaue als vielmehr Kletterseile, Sicherungsnetze für Kleinkinder oder Teichabdeckungen gefragt. Um den Betriebsablauf durch Besichtigungen nicht über Gebühr zu stören, ist eine telefonische Anmeldung Voraussetzung für den Besuch.

Toureninfos

Seilerei Mundelsee, Heidelberger Str. 11a, 69226 Nußloch, Tel. 06224/10545, Fax 16657.

Ein Besuchstermin ist telefonisch zu vereinbaren.

Betriebsbesichtigung ist kostenlos.

Parkplätze vor der Seilerei und im Gewerbegebiet im Norden von Nußloch. Anfahrt über die B 3 (Heidelberg-Karlsruhe), Ausfahrt Nußloch.

HSB-Buslinie 30 (Haltestelle Kreuz).

42

Auto- und Technikmuseum Sinsheim mit Imax-3D-Kino

Das schnellste Auto der Welt

Wer auf der Autobahn bei Sinsheim entlang kommt, nimmt unweigerlich den Fuß vom Gas: trotz Sichtschutz am Randstreifen ragen Raketen, Flugzeuge und Krananlagen auf überdimensionalen Ständern in den Himmel. Im Auto & Technik Museum Sinsheim, übrigens ein privater Verein, sind in zwei Hallen auf 30.000 Quadratmetern und auf dem 40.000 Quadratmeter großen Freigelände jede Menge Technik geboten: 20 Lokomotiven, 300 Automobile, vom Oldtimer über den protzigen Maybach-Zeppelin bis hin zum schnellsten (Raketen-)Auto der Welt, 54 Zivil- und Militärflugzeuge aller Altersklassen und Größen (einschließlich dreier JU 52, einer ME 109 und einem 'Fieseler Storch'), die größte Tanzorgel der Welt, zahlreiche Motorräder, Nutzfahrzeuge und Motoren.

Die Fülle der über 3000 Ausstellungsstücke ist für Kinder allerdings kaum zu verkraften. Alle Exponate sind sorgfältig hergerichtet; funkelndes Chrom und polierter Lack können aber nicht darüber hinwegtäuschen, daß die Erklärungen oft holprig und dürftig sind und der rote Faden durch die Ausstellung selten erkennbar wird. In diesem oft ungeordneten Sammelsurium (Nähmaschine zwischen Schnellzuglok und Puppenwagen) überwiegen die Militaria. Panzer, Granatwerfer und Kampfhubschrauber stehen dünn kommentiert und dicht gedrängt im Außengelände. Auch bei der Nachstellung ganzer Kampfszenen aus dem 2.Weltkrieg hätte man sich eine distanziertere und kritischere Darstellung und Kommentierung gewünscht.

Enttäuschend für die Kinder wird es, wenn sich Musikinstrumente, Maschinen oder Videogeräte erst mit einem Obulus von DM 1,- oder 2,- zum Leben erwecken lassen. Auch das Militärgelände und die Besichtigung der ausgemusterten Verkehrsflugzeuge kostet extra. Alle Exponate werden auf Distanz gehalten oder hängen an der Decke; ein echtes 'Begreifen' oder Erleben ist damit kaum möglich. Lediglich in

der Experimentalecke kann man die Schallgeschwindigkeit, das Hebelgesetz, ein Periskop oder die Lichtbrechung testen. Eindrücklich ist sicherlich der Flugsimulator, der (für DM 5,-/3,-) ein hautnahes Motorrennen, einen Flug durch den Grand Canyon oder den Tiefflug eines Militärjets simuliert. Absolutes Highlight ist das 3D-Kino mit einer 22x26 m großen Leinwand. Die dreidimensionalen Filme sind von einer phantastischen Realität.

Toureninfos

Auto & Technik Museum Sinsheim, Obere Au 2, 74889 Sinsheim, Tel. 07261/9299-0, Ansage: -50, Fax 13916.

Museum täglich 9-18 Uhr geöffnet; Imax-3D-Kino 10-19 Uhr, Fr, Sa, So 10-20 Uhr (stündlich wechselndes Programm).

Museum u. Imax jew. Erwachsene DM 14,-, Kinder (6 bis 16 J.) DM 9,- (Kombikarte Museum/Imax DM 26,-/16,-); Militärfreigelände, zahlreiche Vorführungen und Besichtigungen jew. plus DM 1,- oder 2,-; Führungen nach Voranmeldung DM 70,-.

Zwei Restaurants und eine Cafeteria in den Hallen.

Parkplatz für PKW und Busse vor dem Eingang. Zufahrt ab BAB A 6 (Ausfahrt Sinsheim oder Steinsfurt) ausgeschildert.

DB-Haltestelle Museum (ermäßigte Kombikarte Bahn/Museum).

43

Spaziergang durch den Tierpark Walldorf

Tierpark einmal anders

Der Walldorfer Tierpark ist sicher nichts für großtier-verwöhnte Kinder. Doch echte Kenner schwören auf die kleine, überschaubare Anlage, die viel Platz und Gelegenheit zum Spielen und Verweilen bietet. Der Tierpark wurde in privater Initiative vom Walldorfer Kanarien- und Vogelschutzverein errichtet und hat doch mehr zu bieten als nur Vögel. Das beginnt gleich am Eingang, wo die putzigen Kapuzineräffchen aus Mittel- und Südamerika ihre Turnstückchen vorführen. Doch bitte Vorsicht: nicht füttern; außerdem sind die Kletterkünstler sehr bissig. Das gilt im übrigen auch für die Ponys im zentralen Freigelände. Bevor der Rundgang weitergeht, ist entweder am Restaurant eine Eispause oder auf dem Spielplatz eine Spielpause fällig - oder auch beides, wie meine Kinder zu wünschen pflegen. Viele Schaukeln, Karussells, Wipptiere, Klettermöglichkeiten, Sandplätze und eine Rutsche stehen bereit.
Der Park bietet den Tieren viel Bewegungsfreiheit. Das sehen auch die Wildschweine so, deren behagliches Grunzen von ländlicher Idylle zeugt. Daneben gibt es Emus, Strauße, Pfauen, Alpakas, Ziegen, Rotwild, Kaninchen und vieles andere mehr.

Toureninfos

- Tierpark Walldorf, Schwetzinger Str. 99, 69190 Walldorf.
- Der Tierpark ist ganzjährig durchgehend geöffnet.
- Der Eintritt ist frei, Spenden werden erbeten.
- Restaurant 'Waldhaus' im Tierpark (Tel. 06227/9471); durchgehend geöffnet (10-24 Uhr).

P Großer Parkplatz vor dem Tierpark. Anfahrt über die West-Umgehung Walldorf (ausgeschildert) oder die B 291 (Schwetzingerstr.). Der Park liegt neben dem Schulzentrum und gegenüber dem Campingplatz Walldorf-Astoria.

HSB-Bus 41.

Waldschwimmbad Walldorf (gegenüber).

44

Bergtierpark Fürth-Erlenbach

Begegnung mit Himalaya-Bewohnern

„Vorsicht - keine Haftung für Brillen" - die frechen Berberäffchen sind immer hungrig und greifen sich in ihrem Übermut auch mal eine Brille, wenn man dem Käfig zu nahe kommt. Füttern ist nur mit dem käufli-

Im Bergtierpark bei Fürth im Odenwald.

chen Futter (DM 2,- an der Kasse) erlaubt. Die Tiere sind in großen Parzellen in einem hügeligen Gelände zu Hause und haben für einen Tierpark erfreulich viel Bewegungsfreiheit. Der Bergtierpark hat beinahe den Charakter eines Streichelzoos, doch nicht jedes Tier sucht immer den menschlichen Kontakt. Für Kinderwagen ist das bergige Gelände allerdings nicht geeignet. Zu der netten und überschaubaren Sammlung gehört ein Nasenbär, der die Besucher gleich am Eingang empfängt. Apropos Nase: bei feuchtem Wetter sollte man sich nicht von den 'tierischen Gerüchen' abschrecken lassen.
Ansonsten leben hier Alpakas, Känguruhs und Damhirsche in trauter Nachbarschaft zu den Lamas (Vorsicht: „Spucken erlaubt"), Gemsen, Steinböcken und Mufflons. Vorwitzige Kamerun-Ziegen sind ständig dabei, den Zaun aufzubiegen, während die Pfauen ihre Räder schlagen; Papagei Ringo kommentiert das ganze Geschehen. Besonders stolz ist man in dem Zoo auf die asiatischen Yaks, denen man üblicherweise nur in Höhen ab 4000 Metern begegnet. Sie stammen eigentlich aus dem Himalaya und sind dort unersetzbare Lasttiere, wo Tibeter und Nepalesen sie sicher auf schmalen Hochgebirgspfaden bugsieren. Der Rundgang führt an den Ponys vorbei und belohnt zum Schluß mit einem weiten Blick über den Hessischen Odenwald.

Toureninfos

Bergtierpark Fürth-Erlenbach, Tierparkstraße 20, 64658 Erlenbach, Tel. 06253/3389 und 932363, Fax 21904.

Ganzjährig geöffnet täglich 10-18 Uhr.

Erwachsene DM 5,-; Kinder DM 2,-.

Kiosk am Eingang /Tel. 06253/21326).

Parkplatz in der Ortsmitte von Erlenbach (5 min); nur wenige Parkmöglichkeiten am Eingang. Zufahrt über die B 38 von Weinheim/Bergstraße nach Erlenbach oder von BAB A 5 (Ausfahrt Heppenheim) und dann über die B 460.

BRN-Buslinie 5523 (Weinheim-Fürth/Odenwald).

45

Der Limes bei Walldürn

„Als die Römer frech geworden...

... zogen sie gen Deutschlands Norden," heißt es in dem Kinderlied. An vielen Stellen haben sich die Besatzer von einst in unserem Land verewigt. Der Limes, der vor 2000 Jahren sicherlich ebenso furchteinflößend gewirkt haben mag wie bis vor kurzem noch die Grenze zwischen den beiden deutschen Staaten, ist heute fast spurlos verschwunden.
Im Gebiet von Walldürn sind die Zeitzeugen von einst jedoch gut sichtbar oder anschaulich rekonstruiert. In einer schnurgeraden Linie finden sich hier alle 400 Meter die Überreste römischer Wachtürme aus der Zeit Kaiser Hadrians (117-138 n.Chr.). Der Gang durch die Geschichte läßt sich am besten mit dem Fahrrad bewerkstelligen. Wer für die Anreise seine Fahrräder nicht aufs Autodach wuchten möchte, kann die Tour auch zur kleinen Wanderung abändern.
Ausgangspunkt ist der Parkplatz im Gewerbegebiet Walldürn-Nord. Gleich nach der Laurentiuskapelle aus dem Jahr 1764 biegt ein Lehrpfad mit dem weißen 'L' bzw. mit dem schwarzen Turmsymbol auf weißem Grund ('Limes') nach links in den Wald. Der Weg wird begleitet von zahlreichen Informationstafeln über die Römerzeit, Sinn und Zweck des Limes und Skizzen über die Anordnung der Kastelle. Der Limes-Lehrpfad führt ziemlich schnurgeradeaus in nördliche Richtung. Von den alten Wachtürmen findet man allerdings nur noch die Fundamente und eine rekonstruierte Palisadenwand am 'Steinernen Haus' aus zugespitzten Pfählen. Auch wenn die ehemalige Römerbefestigung eher etwas für die Fantasie ist, hat der Weg an sich seine landschaftlichen Reize. Nach besagter Palisadenwand heißt es, sich zu entscheiden: entweder man folgt dem Rundwanderweg Limes nach rechts zum Ausgangspunkt (Holzpfeile), oder man hält sich links und läßt sich von der Beschilderung Walldürn/Schwimmbad leiten. Vorbei an mächtigen Steinkreuzen im Wald kommt man bald zur Straße Walldürn-Amorbach. Hier

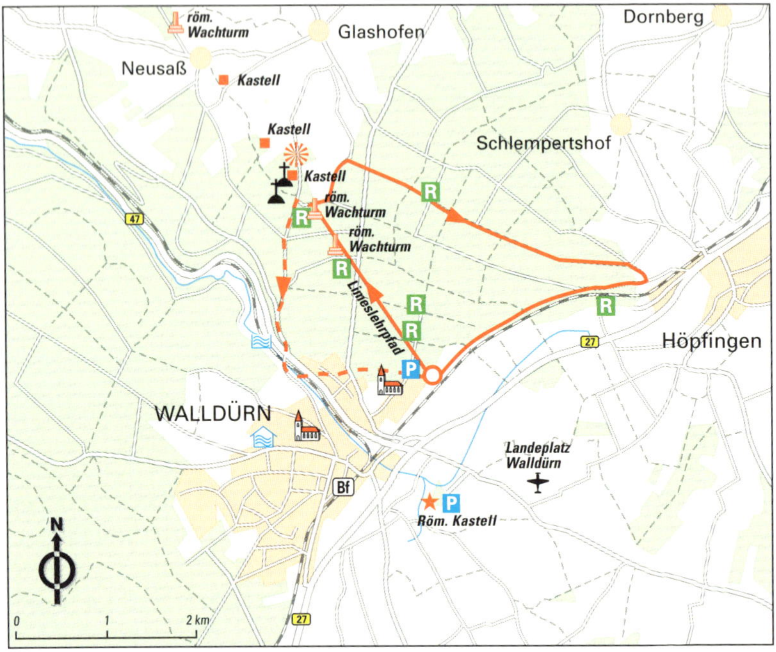

stoßen wir dann auf das kleine Waldschwimmbad. Auf dem Rückweg geht's über eine Fußgängerbrücke und durch ein Wohngebiet am Ortsrand von Walldürn mit schönem Blick auf die Wallfahrtsbasilika 'Zum Heiligen Blut' zurück zum Parkplatz. Wer noch mehr von den Römern sehen möchte, dem sei der Besuch des Römischen Kastells und des gut erhaltenen Römerbades etwa ein Kilometer südöstlich von Walldürn an der Straße nach Waldstetten empfohlen. Der Platz ist nicht nur sehr schön gelegen, sondern bietet Kindern auch Gelegenheit zum Spielen am plätschernden Marsbach.

Toureninfos

Verkehrsamt 74731 Walldürn, Rathaus, Tel. 06282/67107, Fax 67156.

Der Limes-Rundweg ist auch für kleine Kinder per Fahrrad gut zu bewältigen.

Einfache Limes-Rundtour 7 Kilometer (max. zwei Stunden Fußweg). Rundtour über das Waldschwimmbad 8 Kilometer.

P Parkplatz im Gewerbegebiet Walldürn. Zufahrt über Kreuzung der B 27 mit B 47, Ausfahrt Walldürn-Nord.

DB-Bahnhof Walldürn, BRN-Busse 5610, 5625, 5631.

K Tropfsteinhöhle Eberstadt (49)

Waldschwimmbad Walldürn, Hallenbad Walldürn (Theodor-Heuss-Ring, westlich des Ortes im Neubaugebiet).

Meterhohe Palisaden sollten die Römer vor germanischen Übergriffen schützen.

Spaziergang um den Marbach-Stausee

Südseeträume im Odenwald

Gewässer, die zum Baden geeignet sind, hat der Odenwald leider nicht viele zu bieten. Eine große Ausnahme stellt der Marbach-Stausee dar, der von Heidelberg in ca. 45 Minuten Autofahrt zu erreichen ist. Man kann den See auf einem teils geschotterten, teils asphaltierten Weg umrunden oder an besonders schönen Stellen ein erfrischendes Bad nehmen. Es handelt sich um einen künstlichen Stausee, der als Hochwasserrückhaltebecken des Marbachs gebaut wurde.

Bei schönem Sommerwetter ist das einladende Gewässer ein Eldorado für Naherholungssuchende und Wassersportler von nah und fern, die hier ihren Südseeträumen nachhängen. Wasserfahrzeuge kann man gleich bei der Staumauer am südlichen Seeufer zu Wasser lassen. Damit sich die unterschiedlichen Interessen nicht ins Gehege kommen, sind einzelne Seebereiche durch farbige Bojen abgeteilt: So gibt es Vogelschutzbereiche, Zonen für Schwimmer, und einen Surf- und Segelbereich. Zugelassen sind Surfbretter, Paddel- und Schlauchboote und Segelboote mit einer Segelfläche von maximal 3,5 Quadratmetern. Der See hat eine Gesamtfläche von knapp 50 Hektar und enthält bis zu 3,1 Mio. Kubikmeter Wasser.

Da in der Vergangenheit bei Wasseruntersuchungen wiederholt Salmonellen gefunden wurden, warnt die örtliche Gesundheitsbehörde vor einer weiteren Wasserverschmutzung besonders durch Fäkalien und empfiehlt dringend die Toilettenbenutzung im Betriebsgebäude an der Staumauer und an der Freizeitwiese.

Leider ist man bei dem Besuch des Marbach-Stausees auf das eigene Auto angewiesen, da die Nahverkehrsverbindung mehr als dürftig ist.

Toureninfos

Der Marbach-Stausee ist ein sehr beliebtes Naherholungsziel, das besonders am Wochenende von vielen Autofahrern angesteuert wird. Auf den drei Parkplätzen kann es gelegentlich eng werden. Der Badebetrieb wird weder von einem Bademeister noch von der DLRG regelmäßig überwacht.

Informationen im Verkehrsamt Erbach, Tel. 06062/6439.

Bei gemütlichem Spaziergängertempo braucht man für die Umrundung des Sees auf dem drei Kilometer langen Uferweg etwas mehr als eine halbe Stunde.

Überall kostenloser Zugang.

Biergarten an der Staumauer.

P Der Marbachstausee liegt an der "Siegfriedstraße" etwa acht Kilometer von Erbach entfernt. Abzweig in der Ortschaft Marbach an der B 45 nach Westen. Drei Parkplätze sind vorhanden.

Bus: Verkehrsgemeinschaft Odenwaldkreis, T.06062/70314; Verkehrsanbindung schlecht (nur werktags); Bus Richtung Hüttenthal. PKW-Entfernung nach Michelstadt etwa 10 min. Ruftaxi 06061/2465.

K Odenwald- und Spielzeugmuseum Michelstadt (47)
Schloßmuseum Erbach (48)

47

Michelstadt und das Odenwaldmuseum

Im Takt der alten Turmuhr

Den Besuch des Odenwaldmuseums in Michelstadt sollte man bei schönem Wetter unbedingt mit einem Rundgang durch die Altstadt verbin-

den. Hat man seinen Wagen auf dem großen (kostenlosen) Parkplatz neben der B 45 abgestellt, gelangt man mit wenigen Schritten zur alten Stadtmauer und steuert zunächst das Ortszentrum mit dem alten Marktplatz und dem berühmten Michelstadter Rathaus aus dem Jahr 1484 an. Beim Verkehrsamt (oder wenn geschlossen: im Café auf dem Marktplatz) erhält man kostenlos eine Broschüre mit Stadtplan und einem Stadtrundgang durch die historische Altstadt. Interessant auf diesem Weg sind die alten Fassaden der Apotheke und Schmiede sowie der Diebsturm mit der Michelstadter Burg.
Weicht man von der vorgegebenen Route bei der alten Färberei ab und folgt der Abzweigung 'Zum Stadtgarten', gelangt man in eine sehr schöne Anlage mit Spielgeräten und einem plätschernden Bach. Durch die Bienenmarktpforte kommen wir wieder auf die alte Route. Lohnend ist es, die Mauerstraße zurückzugehen und der Brauerei einen Besuch abzustatten. Viermal wöchentlich können Besucher zuschauen, wie hier noch richtig Bier gebraut wird. Bei telefonischer Anmeldung ist der Meister des Gerstensaftes auch zu einer Führung mit einer abschließenden Geschmacksprobe bereit.
Das Odenwaldmuseum in der Burganlage zeigt nicht nur die ehrwürdige (aber funktionierende) Turmuhr (1588) aus dem Schloß Fürstenau, sondern viele Gerätschaften zum Odenwälder Handwerk - von der Imkerei über das Hüttenwesen bis zu Land- und Forstwirtschaft. Daneben ist Geologisches und Historisches aus dem ganzen Odenwald zu bewundern.
Auf der anderen Seite des Burghofes sollte man noch einen Blick in das kleine Spielzeugmuseum werfen. In fünf Räumen erleben die Besucher, mit welchen Puppenstuben, Eisenbahnen, Kaufläden, Holzbaukästen oder Papierbögen sich unsere Großeltern als Kinder vergnügt haben. Gameboy-gestreßte Kinder unserer Tage finden erstaunlicherweise viel Gefallen an den historischen Spielsachen und können sich kaum von der Sammlung trennen.

Toureninfos

i Verkehrsamt Michelstadt, Rathausplatz 1, Tel. 06061/74146;

Odenwaldmuseum, Speicherbau der Kellerei, 64720 Michelstadt, Tel. 74139; Spielzeugmuseum, Amtshaus in der Kellerei;

Michelstadter Rathausbräu, Mauerstraße 1-3, 64720 Michelstadt, Tel. 5666, Fax 5665.

Odenwaldmuseum: Vom 2.Samstag vor Ostern bis 1.November Di-Fr 10-12.30 und 14-17 Uhr, Sa, So + Fei 11-12.30, 14-17.30 (Mo Ruhetag); im November und der Adventszeit Sa und So 10.30-12.30 und 14-17 Uhr.

Spielzeugmuseum: 2.Samstag vor Ostern bis 1.November täglich geöffnet 10-12 und 14-17 Uhr (Mo Ruhetag).

Odenwaldmuseum und Spielzeugmuseum jeweils Erwachsene DM 2,-, Kinder ab 6 Jahren DM 1,-. Führungen in der Brauerei kostenlos.

Zahlreiche Einkehrmöglichkeiten in der Altstadt.

Großer Parkplatz westlich der Altstadt an der B 45. Anfahrt über Dieburg/Höchst i.O. oder über das Neckartal/Eberbach.

DB-Bahnstation Michelstadt (15 min); Busse (8002/8523) von Eberbach.

Ski- und Rodelgebiet Beerfelden (51)
Schloßmuseum Erbach (48)
Der Limes bei Walldürn (45)
Marbach-Stausee (46)

Beheiztes Waldschwimmbad (Mai bis September)

Nostalgie im Spielzeugmuseum, die jedes Kind begeistert.

Schloßmuseum Erbach

"So war'ns die oidn Rittersleit"

Wer einmal so richtig zwischen alten Ritterrüstungen, Waffen und sonstigem Gerät herumstöbern möchte, ist im Erbacher Schloß goldrichtig. Durch den eindrucksvollen Innenhof geht's die Freitreppe hoch, und schon fühlt man sich einige Jahrhunderte zurückversetzt. Das Schloß selbst stammt aus dem Jahr 1736, der Wehrturm soll um 1200 errichtet worden sein.
Mit den seit Jahren obligatorischen Filzpantoffeln an den Füßen gleiten die Besucher geräuschlos über den wertvollen Fußboden. In der Gewehrkammer stehen rund 300 Feuerwaffen vom 16. bis zum 20. Jahrhundert: Hakenbüchsen, Lunten-, Rad-, Stein- oder Feuerschloßgewehre bis hin zum Perkussionsgewehr mit chemischer Zündung zeugen von allerlei 'pulvergeladenen Argumenten'. 630 Rehbock-Gehörne vermögen wahrscheinlich weniger zu begeistern als der Saal mit dem Geweih eines Riesenhirsches, das mindestens 30.000 Jahre alt sein soll. Zu sehen gibt es hier vielerlei Jagdgewehre, Armbrüste und Hirschfänger. Durch die 'Römischen Zimmer' mit ihren antiken Büsten und Statuen gelangen die Besucher bei der (obligaten) Führung in den Rittersaal mit seinen großen Rüstungen. Wie es König Gustav Adolf von Schweden allerdings gelungen ist, sich mit seiner 115 Pfund schweren Rüstung zu bewegen, bleibt dem Besucher verborgen.
Angegliedert ist noch das 'Afrikanische Jagdmuseum', mit afrikanischen Jagdtrophäen und einigen üppigen Dioramen.
Muß man etwas auf die nächste Schloßführung warten, empfiehlt sich ein Rundgang durch die engen Gassen von Erbach und der Besuch in einer der zahlreichen Elfenbeinschnitzereien.Hier wird allerdings schon seit Jahren kein Elfenbein mehr, sondern neuerdings die Zähne jahrtausende alter (!) sibirischer Mammuts verarbeitet.

Toureninfos

Fremdenverkehrsamt Erbach, Marktplatz 1, 64711 Erbach, Tel. 06062/6439 oder 6444;

Gräfliche Rentkammer, Schloß Erbach, 64711 Erbach, Tel. 9592-0 oder -50.

Besichtigung nur mit Führung möglich; Dauer ca. 1 Stunde (10, 11, 14, 15, 16 Uhr).

Erwachsene DM 8,-, Kinder (6 bis 15 Jahre) DM 4,-; Familienkarte DM 20,-.

Einkehrmöglichkeiten im Zentrum.

Parkplätze außerhalb des Zentrums beim Lustgarten (Zufahrt beschildert). Anfahrt über die B 45 von Dieburg/Höchst i.O. oder über das Neckartal/Eberbach.

DB-Bahnstation Michelstadt (5 min); Busse (8002/8523) von Eberbach.

Ski- und Rodelgebiet Beerfelden (51)
Michelstadt und das Odenwaldmuseum (47)
Der Limes bei Walldürn (45)
Marbach-Stausee (46)

Alexanderbad Erbach

Nur mit einer Führung kommt man an der Wache vorbei ins Erbacher Schloß

49

Tropfsteinhöhle Eberstadt

Eine Hochzeitstorte aus Kalkstein

Wie so oft bei der Entdeckung von Höhlensystemen stand auch in Eberstadt der Zufall Pate: Bei Sprengarbeiten im Kalksteinbruch in der Nähe von Buchen i.O. tat sich im Jahr 1971 durch einen zwei Meter breiten Spalt im Gestein auf, die sich als eine der größten Höhlensysteme Süddeutschlands erweisen sollte. Es bedurfte freilich 7500 Arbeitsstunden, um die Höhle kinderwagen- und behindertengerecht und mit der entsprechenden Beleuchtung auszubauen, bevor sich die Tore im Jahr 1973 für die Besucherscharen öffnen konnten. Mehr als 100.000 Besucher bewundern hier jährlich die geheimnisvolle Untertagewelt des 'Unteren Muschelkalks'. Meterhohe Stalaktiten, die von der Decke herabwachsen, begegnen Stalakmiten, die ihr Wachstum von unten betreiben. Beide verdanken sie ihre Existenz kleinen Wassertröpfchen, die über Jahrtausende hinweg an derselben Stelle herabtropfen und den gelösten Kalk wieder ausscheiden. So entstanden fabelähnliche Wesen wie die 'Weiße Frau von Eberstadt', der 'Elefantenrüssel', der 'Vesuv' und die 'Hochzeitstorte'; besonders eindrucksvoll der Höhlensee, der von kleinen Sinterbarrieren aus abgeschiedenem Kalk aufgestaut wird. Die Riesentropfsteine im hinteren Teil der Höhle bringen es inzwischen auf ein Alter von mehreren hunderttausend Jahren.
Der begehbare Teil der Höhle ist gut 600 Meter lang und dazwischen zwei bis sieben Meter breit. Bei einer konstanten Lufttemperatur von elf Grad ist der Ausflug genau das richtige für heiße Sommertage; eine Jacke sollte man in jedem Fall aber mitnehmen.

Jahrtausende alte Geheimnisse werden in der Eberstadter Tropfsteinhöhle offenbar. >>

Toureninfos

Verwaltung der Eberstadter Tropfsteinhöhle, 74722 Buchen-Eberstadt, Tel. 06292/225; Verkehrsamt Buchen Tel. 06281/2780; Eingang/Kasse Tel. 06292/578.

März-Oktober täglich 10-16 Uhr; November-Februar: Sa, So und Feiertag 13-16 Uhr. Zugang nur mit Führung (1 Stunde).

Erwachsene DM 4,50, Kinder (6 bis 15 Jahre) DM 2,50.

Kiosk am Eingang (Tel.06292/578).

Großer Parkplatz in der Nähe. Anfahrt gut ausgeschildert z.B. über BAB A 81 (Ausfahrt Osterburken), Osterburken, Schlierstadt, Eberstadt; oder über das Neckartal: (B 27), Mosbach, Buchen.

Bus (Fa.Knühl. Tel. 06293/213) Großeicholzheim-Buchen (Bedarfshaltestelle Eberstadt-Tropfsteinhöhle) (nur werktags); DB-Station Bödigheim (nur werktags), Fußmarsch von dort eine knappe Stunde.

Limes bei Walldürn (45)
Wanderbahn Mosbach-Mudau (50)

50

Auf der Wanderbahn Mosbach-Mudau (Karte S. 134)

Eine Radtour auf neuen Wegen

70 Jahre lang verband die feuerspeiende Dampfbahn die Ortschaften Mudau und die große Kreisstadt Mosbach. Doch im Jahr 1973 ereilte trotz heftiger Proteste aus der Bevölkerung die Bahn das gleiche Schicksal wie andernorts: die Bahnstrecke wurde stillgelegt. Im Jahr 1980 wurde die Bahnlinie wieder eröffnet - allerdings ohne Schienen und Schotterbett, dafür aber mit einem fahrradtauglichen Schotter- und Asphaltbelag. Seither erfreut sich die 'Wanderbahn' bei Radfahrern und Wanderern großer Beliebtheit und ist dennoch kaum über den Kreis hinaus bekannt. Auf knapp 30 Kilometern Länge kann man eine herrliche Radtour genießen, bei der es 300 Höhenmeter fast ausschließlich bergab geht - leider nicht immer ganz autofrei, denn die ursprüngliche Streckenführung wurde zugunsten der örtlichen Gastronomie des öfteren durch die Ortsmitte abgeändert. Die Streckenführung ist oft wildromantisch, über enge Schluchten und an steilen Bergflanken entlang.

Die Tour ist in zwei Varianten zu machen: die einfachste, aber auch die längste ist die, in Mosbach zu starten, bis Mudau zu radeln und dort wieder die ganze Strecke zurückzufahren. So gibt es mit der Anreise per Auto oder Bahn (Fahrradmitnahme!) die wenigsten Probleme. Nimmt man sich einen ganzen Tag Zeit, schaffen das auch kleine Strampler, denn die Steigung ist meist sehr gemächlich (und die Einkehrmöglichkeiten zahlreich).

Möchte man nur die Abwärtsfahrt genießen, stellt man am besten das Auto in Mudau ab und sucht einen Weg, mit dem Bus von Mosbach zum Auto zurückzukommen.

Beginnt man die Tour in Mosbach, hat das den Vorteil, daß die Beschilderung (Holzpfeile 'Wanderbahn') besser ist und mancher Irrweg erspart bleibt. Los geht es gleich hinter dem Bahnhof Mosbach bzw. am

großen Parkplatz bei der Stadthalle und Feuerwehr; wer mit der Bahn anreist, folgt der Bahnlinie talaufwärts und überquert diese bei der ersten Gelegenheit zum Parkplatz mit dem ersten Hinweisschild.
Mal rechts, mal links der Eisenbahn folgt die Wanderbahn dem Tal und biegt dann beim ehemaligen Haltepunkt Hasbachtal nach Norden in das gleichlautende Tal Richtung Lohrbach (6,1 km). Weiter geht es über Trienz (13 km), Krumbach (15,3 km), Limbach (18,1 km), Laudenberg (20,9 km) und Langenelz (25,6 km) nach Mudau (27,6 km).
Unterwegs kommt man an klappernden Wasserrädern vorbei, kann sich in Kneippanlagen abkühlen, auf schmalen Eisenbahnbrücken Wild-West-Spiele veranstalten oder sich an Naturlehrpfaden bilden. In Krumbach gibt es ein Hallen- und Freibad sowie einen Minigolf-Platz. Unterwegs laden Rastplätze zum Verweilen ein, und Schutzhütten bieten bei Regengüssen ein Dach über dem Kopf. In Limbach steht eine alte Kapelle aus dem Jahr 1754 und am Ziel, im leider ziemlich heruntergekommenen ehemaligen Bahnhof Mudau, können Kinder die letzte Dampflok der Bahnstrecke erklettern.

Karte zu Tour 50

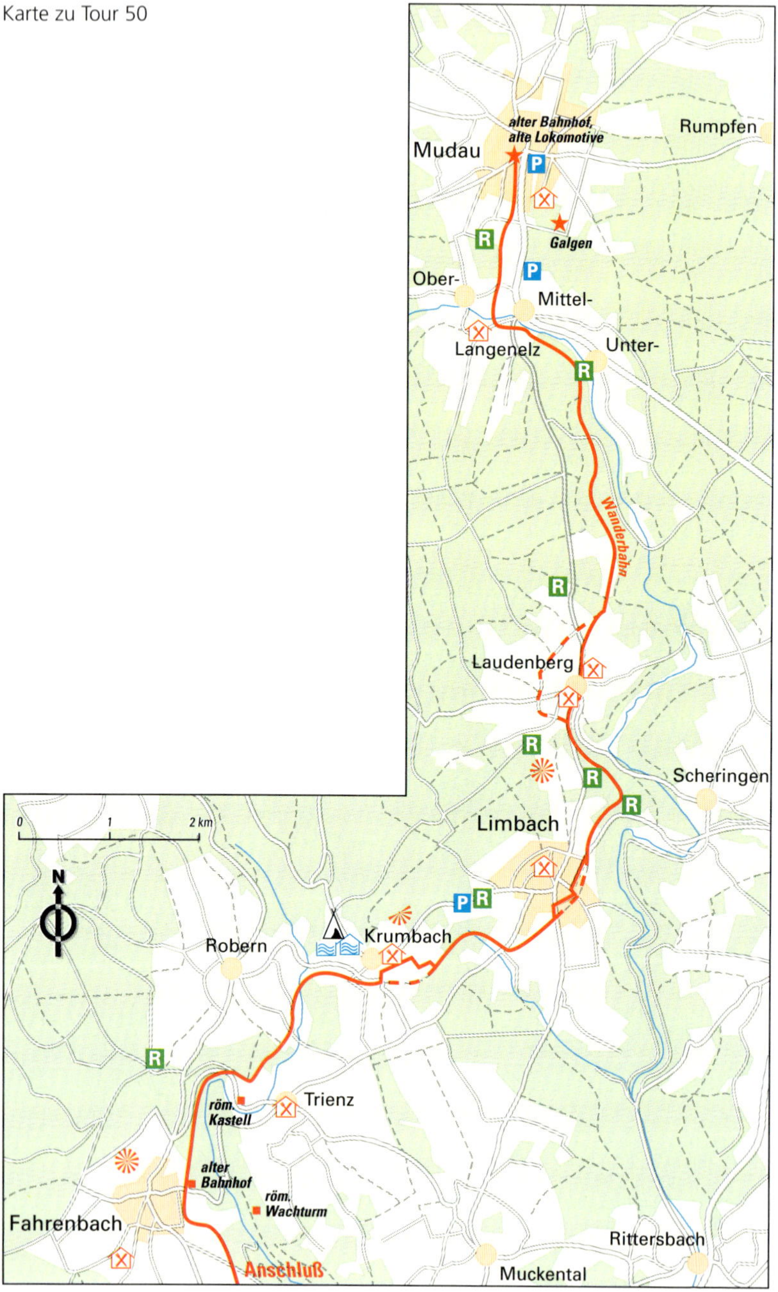

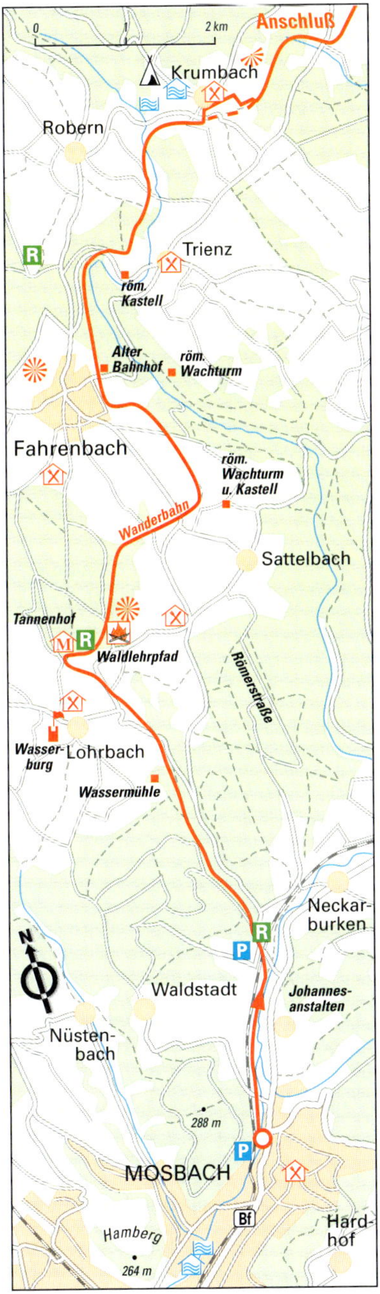

Toureninfos

Fremdenverkehrsgemeinschaft Odenwald-Neckartal e.V., Rathaus, Hauptstraße 29, 74821 Mosbach/Baden, Tel. 06261/82266 oder 82236.

Wanderbahn Mosbach-Mudau einfache Strecke 27,6 Kilometer, etwa 5 Stunden Fahrzeit ohne längere Rast; Höhenunterschied rund 300 Meter; der Rückweg ist in zwei Stunden zu schaffen.

Einkehrmöglichkeiten an allen Ortschaften.

Großer Parkplatz unweit des Bahnhofs in Mosbach bei der Stadthalle und Feuerwehr; Anfahrt über das Neckartal (B 37) und B 27 Mosbach-Buchen.

DB-Bahnhof Mosbach; Busverbindung Mosbach (Bahnhof)-Mudau (Bahnhof): BRN-Bus 5622; Fahrzeit 70 min.

Hallen- und Freibad in Krumbach
Hallen- und Freibad in Mosbach

51

Ski- und Rodelgebiet Beerfelden

Ski und Rodel gut

Den Odenwald als schneesicheres Skigebiet zu bezeichnen, wäre sicher etwas gewagt; doch es ist schon erstaunlich, wie lange sich in der Gegend um Beerfelden die Schneedecke hält, wenn in der Rheinebene längst die Krokusse blühen.
Ausreichend Schnee vorausgesetzt, finden in Beerefelden Wintersportler aller Gattungen ein schönes Terrain. Auf der 'mittelschweren Abfahrt' (was diese Kategorie auch immer besagen mag) kann man auf 400 Metern Länge am Nordwesthang des Tannenbergs (östlich von Beerfelden) ordentliche Schwünge zustande bringen. Auch wenn der Bügellift rund 700 Personen pro Stunde paarweise nach oben 'baggert', sind Wartezeiten an der Liftkasse nicht auszuschließen. Schneller geht's gleich nebenan rasant zu Tal: die Rodelfans kommen hier auf ihre Kosten. Vorsicht ist am Auslauf geboten, denn der mündet direkt in den Parkplatz.
Familienfreundlicher ist der große Rodelhang, der sich im Halbrund unterhalb der B 45 erstreckt. Langläufern sind die beiden schönen Loipen auf der Sensbacher Höhe empfohlen. Direkt an der Paßhöhe bei den Parkplätzen führt eine Doppel-Spur in 500 bis 550 Metern Meereshöhe 4,5 Kilometer im Rundkreis; die Südloipe bringt es auf 3,5 Kilometer.
Nach dem Ski- und Rodel-Trubel kann man noch Deutschlands berühmtesten 'dreischläfrigen Galgen' westlich von Beerfelden besuchen. Die Anfahrt zu der kleinen Anhöhe ist überall gut ausgeschildert. Vom Ortskern Beerfelden sind es etwa 12 Gehminuten. Recht gruselig mutet diese ehemalige Hinrichtungsstätte an, die im Jahr 1550 errichtet wurde. Im Jahr 1804 hat hier die letzte Hinrichtung stattgefunden: Eine Zigeunerin soll es gewesen sein, die für den Diebstahl eines Huhns und zweier Brote hier mit dem Tode durch Erhängen bestraft wurde.

Toureninfos

Stadtverwaltung Beerfelden, Matzkeil 1, 64743 Beerfelden, Tel. 06068/930300, Fax 3529; Schneetelefon 930320.

Liftbetrieb (bei ausreichend Schnee) täglich 9-17 Uhr. Loipenlängen 4,5 und 3,5 Kilometer.

Tageskarte am Lift: Erwachsene/Kinder: DM 20,-/15,-, Halbtageskarte DM 15,-/10,-, 12er Karte DM 12,-/8,-.

Kiosk am Lift (geöffnet bei Liftbetrieb).

Parkplätze an der B 45 und beim Rodelhang. Anfahrt (ausgeschildert) von Norden über B 45 (Dieburg-Höchst i.O.-Michelstadt), von Süden über das Neckartal (B 37)-Eberbach.

Busse 8523 und 8524 (Fa.Sauter, Tel. 06068/1678) Beerfelden-Hirschhorn (nur Mo-Fr); Bus 8002 Eberbach-Michelstadt.

Schloßmuseum Erbach (48)
Michelstadt und Odenwaldmuseum (47)

52

Besucherbergwerk
Grube Anna Elisabeth in Schriesheim

Auf Schatzsuche im Silberbergwerk

Einen spannenden Ausflug in die Geschichte des hiesigen Bergbaus kann man im Besucherbergwerk 'Grube Anna-Elisabeth' in Schriesheim unternehmen. Dort ist seit einigen Jahren ein 500 Jahre altes Silber- und Vitriolbergwerk mit Außenanlagen aus dem 18.Jahrhundert für die Öffentlichkeit zugänglich.

Ein Verein von gut zwei Dutzend bergwerk-begeisterten Bürgern hat unzählige Stunden untertage verbracht, um die mittelalterlichen Stollen freizulegen, zu entwässern, zu bewettern (wie die Versorgung mit Frischluft in der Bergwerksprache heißt) und um die „Befahrung" (zu Fuß) zu einem ungefährlichen Vergnügen zu machen. Gleich am Eingang werden kleine und große Bergleute mit leuchtend orangen Schutzkitteln und passenden Helmen ausgestattet, bevor die große Grubentür hinter dem Letzten quietschend ins Schloß fällt.

Auf Skizzen und mittelalterlichen Stichen erfährt man bei der sachkundigen Führung Erstaunliches über die harte Maloche in naßkalter und ungesunder Umgebung, über die wechselvolle Geschichte der Grube, die über die Jahrhunderte mehrfach geschlossen und wiedererweckt wurde. Es geht schmale Gänge entlang, feuchte Leitern hinauf, vorbei am Grubengeist, den man tunlichst nicht ärgern sollte, bis zu den Stellen, an denen die Gruben-Enthusiasten des Bergwerkvereins wöchentlich weitergraben, um immer neue Gänge und Schächte aus dem Mittelalter freizulegen. Am Kiosk kann man schöne Bergkristalle und Steine erwerben.

Große und kleine Besucher werden vor dem Besuch des Silberbergwerks fachmännisch ausgestattet. >>

Toureninfos

Besucherbergwerk 'Grube Anna-Elisabeth', Talstraße 157, 69198 Schriesheim, Tel. 06203/68167.

Besichtigung sonntags (April-Oktober) sowie am 1.Mai, 11-17 Uhr. Führungsdauer ca. 1 Std.; für Gruppen Führungen auch werktags .

Besichtigung mit Führung: Erwachsene DM 6,-, Kinder (4 bis 14 Jahre) DM 4,-; ermäßigte Gruppenpreise.

Kiosk mit Eis und Getränken am Grubeneingang.

Parkmöglichkeit auf dem Festplatz in der Ortsmitte Schriesheim; von dort beschilderter Fußweg (10 min). Anfahrt über die B 3 von Heidelberg oder Weinheim oder BAB A 5 (Ausfahrt Ladenburg/ Schriesheim).

OEG-Bahnhof Schriesheim und OEG-Bus Linie 11 (Haltestelle Edelstein).

53

Wanderung zu Windeck und Wachenburg

Die Zwei-Burgen-Stadt von oben

Gleich drei Ziele auf einmal wollen wir mit dieser kleinen Rundwanderung erreichen - ein kleines, aber sehenswertes Museum und zwei Burgen, von denen eine in ihrem Leben noch nie einen Ritter gesehen hat und eigentlich gar keine Burg ist. Doch fangen wir von vorn an: Am besten man parkt irgendwo in Weinheim oder noch besser: man reist mit der Bahn an. Das hat nicht nur den Vorteil, daß die nervige Parkplatzsucherei erspart bleibt, sondern daß wir gleich etwas von der wunderhübschen Weinheimer Altstadt mitbekommen. Zum Marktplatz ist es nicht weit und dann sind wir auch gleich am Museum der Stadt Weinheim in der Amtsgasse. Zu den Beständen gehören Mammutschädel und Stoßzähne, vor- und frühgeschichtliche Funde der Bronze- und Eisenzeit, Grabungsfunde aus der Merowingerzeit sowie Fresken und Architekturfragmente aus Weinheimer Kirchen. Für Großstadt-Kinder interessant sind die Dorfschmiede und bäuerliches Arbeitsgerät.
Durchquert man das Gerberviertel und sucht die Grundelbachstraße, zweigt hier der Burgpfad ab, der mit dem weißen Quadrat als Markierung in weniger als einer halben Stunde auf die Burgruine Windeck führt. Sie stammt aus dem 12.Jahrhundert und teilt mit allen Burgen der Kurpfalz das gleiche Schicksal: sie wurde immer wieder zerstört. Den halbwegs erhaltenen Turm besteigen wir auf jeden Fall. Folgt man weiter der Markierung, kommen wir nach „steilen" 30 Minuten zur Wachenburg. Offensichtlich scheint diese Burg mit ihren mächtigen Mauern von allen Zerstörungen verschont geblieben zu sein - kein Wunder, denn sie stammt auch erst aus dem Jahr 1907 und wurde im Auftrag der Vereinigung der Corpsstudenten gebaut. Besonders in der Woche vor Pfingsten ist hier viel los, wenn sich uniformbehängte Corps-Studenten aus ganz Deutschland zu den 'Weinheimer Tagen' treffen. Uns mag es gleich sein, der Ausflug hier herauf lohnt sich allemal.

Toureninfos

Verkehrsverein e.V., Bahnhofstraße 15, 69469 Weinheim, Tel. 06201/991117, Fax 991135; Museum der Stadt Weinheim, Amtsgasse 2, Tel. 82334, Fax 962044.

Museum geöffnet Di-Sa 14-17 Uhr, So 10-17 Uhr; Führungen April-September Mi 15 Uhr und nach Vereinbarung.

Ruine Windeck: geöffnet ab 10 Uhr.

Wachenburggelände geöffnet täglich 10-23 Uhr; Di geschlossen. Die Burg ist nur auf Anmeldung zu besichtigen (Tel. 06201/ 12173).

Museum: Eintritt frei.

Ruine Windeck: Eintritt frei, Turmbesteigung Erwachsene DM 0,50, Kinder DM 0,30.

Wachenburg: Eintritt frei, Turmbesteigung nicht möglich.

Einkehrmöglichkeiten in der Weinheimer Altstadt; Restaurant 'Burgschänke' auf Windeck (Tel. 06201/12481), Mo, Di-Vormittag geschlossen; Burgschenke auf der Wachenburg (Tel. 12173).

Parkplatz beim Museum. Anfahrt über BAB A 5 (Autobahnkreuz Weinheim), B 38 bis Stadtmitte oder über die B 3 (Bergstraße) von Norden und Süden.

DB-Bahnhof Weinheim; OEG-Bahnhof Weinheim; OEG-Buslinien 22, 23 und 24; BRN-Buslinien 5504, 5521, 5522, 5523, 5580, 5581.

Weinheimer Exotenwald (56)

Erlebnisbad Miramar (74)

54

Ausflug zum Felsenmeer

Wo die Riesen Domino spielten...

Es war wohl in grauer Vorzeit, als zwei Riesen im Odenwald wohnten: einer auf dem Hohenstein bei Reichenbach, der andere auf dem Felsberg. Aus unbekanntem Grund gerieten sie in Streit und bewarfen sich mit Felsblöcken. Der Felsberg-Riese war ziemlich im Nachteil, denn er hatte auf seinem Berg weit weniger Wurfgeschosse als der Hohensteiner Riese. Dieser schleuderte mit solcher Wucht seine Steine herüber, daß schon bald der gesamte Felsberg mit Steinen übersät war. Der Felsberg-Riese wurde darunter begraben und war seither nicht mehr gesehen. Nur wenn man fest auf den Boden tritt, soll man den Riesen in der Tiefe des Berges heute noch brüllen hören...
Geologen finden eine weit nüchternere Erklärung für das größte Felsenmeer des Odenwaldes bei Reichenbach. Vor Millionen Jahren war das Gelände lückenlos mit Granit bedeckt. Im Laufe der Jahrtausende verwitterte der Granit zu großen Blöcken; der feine Gesteinsgries wurde alsbald ausgeschwemmt, und übrig blieb ein sogenanntes Blockmeer, das sich unmerklich zu Tal bewegt.
Dieses Geschenk der Natur wußten auch die Römer zu schätzen, die hier im 3.Jahrhundert n.Chr. einen großen Steinbruch einrichteten. Während die Germanen neidisch zuschauten und sich mit dem Werkstoff Holz begnügen mußten, gelang es den findigen Römern - allerdings mit erheblichen Mühen - aus dem Felsenmeer Steine jeder Größe herauszutrennen. Dazu verwendeten sie weder Pressluftbohrer noch Dynamit, sondern Schleifwerkzeuge und Metallkeile. Bis nach Trier und noch weiter wurden die Blöcke und Säulen transportiert.
Auf einem geologisch-historischen Lehrpfad (Beginn am Parkplatz Römersteine) kann man auf 16 Tafeln Wissenswertes über die römische Steinmetzkunst erfahren, die nicht immer so erfolgreich war, wie man denken möchte. So kann man am 'Altarstein' sehen, wie sich große

große Granitblöcke mit zahnlosen Sägeblättern und viel Quarzsand als Schleifmittel zerteilen ließen. Allerdings gilt der 'Altarstein' als Fehlprodukt, und auch die knapp 10 Meter lange 'Riesensäule' bekam Risse und konnte offensichtlich nicht transportiert werden. Zu sehen gibt es noch das 'Krokodil', das 'Schiff', den 'Sarg', den 'Riesensessel' und vieles andere mehr. 327 Stücke stehen unter Denkmalschutz, das gesamte Felsenmeer unter Naturschutz. Der gesamte Blockstrom ist ein relativ ungefährliches Kletterparadies für Kinder. Das griffige Granitgestein bietet genügend Halt.

Toureninfos

Verkehrsverein Lautertal, Rathaus, 64686 Lautertal-Reichenbach, Tel. 06254/3070, Fax 30732.

Ausführliches Karten-, Prospekt- und Buchmaterial im Odenwaldverlag, Heiko Plößer, Am Mühlberg 32, 64372 Ober-Ramstadt, Tel. und Fax 06154/3874.

Der geologisch-historische Lehrpfad ist etwa 2,5 Kilometer lang.

Der Zutritt zum Felsenmeer ist kostenlos.

Türkisches Restaurant 'Zur Siegfriedsquelle' mit Biergarten beim Parkplatz Siegfriedsquelle: tägl. 11.30-24 Uhr, Tel. 06254/1255. Kioske am Parkplatz 'Felsenmeer' und bei der 'Riesensäule'. Gasthof 'Felsberg' (im Winter nur am Wochenende geöffnet, sonst Mo Ruhetag); Tel. 06254/1349.

Parkplatz 'Talweg' und 'Felsenmeer': Zufahrt über Reichenbach; Parkplatz 'Römersteine' Zufahrt über Beedenkirchen; Parkplatz auf dem Felsberg: Zufahrt über Staffel; Reichbach ist über die BAB A 5, Ausfahrt Bensheim und die B 47 zu erreichen.

BRN-Bus 5560 (Haltestelle Reichenbach-Markt).

Wanderung zum Melibokus und Auerbacher Schloß (55)

55

Wanderung zum Melibokus

Gipfelsturm an der Bergstraße

Die Wanderung von Auerbach zum Melibokus und nach Reichenbach ist etwas für hartgesottene 'Odenwald-Alpinisten'. Es sind schon einige Hundert Höhenmeter, die auf der Gipfeltour überwunden werden wollen: erst etwa 250 Meter aufs Auerbacher Schloß, dann nochmals über 200 Meter Anstieg zum Melibokus und zu guter Letzt nochmals satte 200 Meter zum Felsberg. Doch mit gutem Schuhwerk, einer dicken Flasche Apfelschorle und der richtigen Einstellung ist die Tagestour ein zünftiges Erlebnis mit viel Abwechslung.

Die Anfahrt erfolgt mit der Deutschen Bahn zum Bahnhof Auerbach, zwischen den hessischen Gemeinden Bensheim und Zwingenberg/ Bergstraße. Notfalls kann man hier auch den Wagen abstellen. Eine ausführliche Routenbeschreibung ist beinahe überflüssig, denn der Weg ist zwar oft verwinkelt und sehr schmal, aber außerordentlich gut markiert: vom Anfang bis zum Ende folgen wir immer dem gelben Quadrat des Odenwaldclubs. Gleich an der Nordostecke des Bahnhofs empfängt uns das Zeichen und geleitet uns durch das Wohngebiet Auerbachs allmählich ansteigend nach Osten.

Zwar lockt gleich am Waldrand das Restaurant 'Waldschlößchen' mit seiner Terrasse, doch wir widerstehen und kämpfen uns durch die mannshoch gewachsenen Büsche und Brennesseln in Serpentinen aufwärts. Gelegentlich schauen die Zinnen des Auerbacher Schlosses von oben durch die Wipfel und signalisieren, daß der Abstand allmählich kleiner wird. Schon fast ganz oben stoßen wir auf den Parkplatz und überqueren die mächtige Brücke zum Schloßhof.

Die Ruine (351 m) bietet Kindern eine willkommene Pause zum Verstekken und Räubern bis hinauf zum Schloßturm mit seinem herrlichen Ausblick über die Rheinebene und den hessischen Odenwald. Das Auerbacher Schloß gilt als die größte Burganlage der nördlichen Bergstraße

und stammt wahrscheinlich aus der Zeit um 1340 von den Grafen von Katznellnbogen.
Im Hof gibt es ein Restaurant der gehobenen Preisklasse und einen Kiosk mit Imbiß. Im Sommer finden hier Konzerte von Klassik bis Jazz statt.
Wir verlassen nun das Schloß, folgen einige Hundert Meter der Straße, überqueren den nächsten Parkplatz und gelangen zur Paul-Forster-Schutzhütte; hier nicht der Straße nach rechts folgen, sondern konsequent der Markierung geradeaus in den Wald. Der Weg ist sehr abwechslungsreich und bietet manchen schönen Ausblick. Allmählich erklimmen wir Meter um Meter, bis wir unvermittelt vor einer militärischen Absperrung stehen - der Melibokus (517 m) ist erstiegen. Wir halten uns links und entdecken einen kleinen Aussichtsturm (Turmschlüssel beim Hüttenwirt). Auf einer schönen Aussichtsterrasse genießen wir den Rundblick bei einer kühlen Apfelweinschorle und bei einem (von der Pächterin) selbstgebackenen Stück Käsekuchen, bevor es wieder abwärts geht. Der steile Weg führt uns über eine Straßenbrücke und auf der anderen Seite gemächlicher durch eine sehr schöne, abwechslungsreiche Landschaft wieder ansteigend zum Felsberg. Nach dem (nicht zugänglichen) Ohlyturm kommen wir zum Felsbergrestaurant mit Biergarten. Vorbei an der großen Eiche (Naturdenkmal) geht der Weg endgültig abwärts durch das größte Felsenlabyrinth des Odenwaldes, einem römischen Steinbruch bis hinunter nach Reichenbach. Nach der Anstrengung des Tages werden Kinder für römische Steinmetzarbeiten kaum noch einen Blick haben; das Felsenmeer hat sicher einen eigenen Besuch verdient (Tour 54). Unterwegs gibt es noch die Möglichkeit, sich an einem Kiosk oder unten am Parkplatz in einem Restaurant zu verköstigen.
Von den Parkplätzen 'Am Talweg' oder 'Felsenmeer' ist man in wenigen Minuten in Reichenbach. Von der Bus-Haltestelle Markt braucht der Bus 15 Minuten nach Bensheim zum Bahnhof.

Toureninfos

i Kur- und Verkehrsverein Auerbach, Darmstädter Straße 166, 64625 Bensheim, Tel. 06251/78400.

Auerbacher Schloß, geöffnet täglich 10-18 Uhr;

Melibokus-Turm: geöffnet ganzjährig Sa, So und Feiertag 11-17 Uhr.

Die Marschstrecke beträgt etwa 15 Kilometer.

Auerbacher Schloß: Eintritt frei.

Melibokus-Turm: Erwachsene DM 0,50, Kinder (bis 16 Jahre) DM 0,30.

Felsenmeer: freier Zutritt.

Restaurant Schloß Auerbach, geöffnet täglich 11-24 Uhr (ohne Ruhetag), mittelalterliche Rittermahle auf Vorbestellung samstags um 19 Uhr (6 Gänge, DM 85,-); Tel. 06251/72923.

Gaststätte Melibokus-Hütte, geöffnet Sa, So + Fei 11-17 Uhr, Tel. 06251/75847.

Gasthof 'Felsberg' (im Winter nur am Wochenende geöffnet, sonst Mo Ruhetag), Tel. 06254/1349.

Restaurant 'Zur Siegfriedsquelle' mit Biergarten beim Parkplatz Siegfriedsquelle: tägl. 11.30-24 Uhr, Tel. 06254/1255.

P Parkplatz am Bahnhof Auerbach; Anfahrt über BAB A 5, Ausfahrt Bensheim, B 3 (Bergstraße) nach Norden bis Auerbach, dort links halten zum Bahnhof.

DB-Bahnhof Auerbach.

K Felsenmeer bei Reichenbach (54)

56

Durch den Weinheimer Schloßpark zum Exotenwald

Vom Eisstiel zum Totempfahl

Ein idealer Sonntagnachmittagsausflug: der Weinheimer Exotenwald

Zeitweise fühlt man sich in die außertropischen Urwälder Kanadas versetzt und kommt sich unter den bis zu 100 Meter hohen Mammutbäumen ziemlich unbedeutend vor. Der Exotenwald wurde im vergangenen Jahrhundert mit Bäumen vorwiegend aus dem amerikanischen, asiatischen und mediterranen Raum angelegt. Auf derzeit 60 Hektar lassen sich heute rund 80 verschiedene Baumarten bewundern. In dem außerordentlich milden Klima der Bergstraße gedeihen auch exotische Bäume sehr gut, auch wenn es durch Frosteinbrüche schon einige Verluste gab.

Damit die Exkursion unter Himalaya-Zedern, Schwarzkiefern und Riesenmammuts nicht nur Botanikern ein Genuß ist, stehen an interessanten Stellen anschauliche Lehrtafeln. So erfährt man, welches Holz sich für Eisstiele und welches sich besser für Totempfähle oder für Möbelholz eignet, wo die Bäume üblicherweise wachsen und wie sie sich vermehren.

Ein Besuch im Weinheimer Exotenwald lohnt als kurze Stippvisite oder als Tagesprogramm. Es gibt ein ganzes Netz gut markierter Wanderwege; die meisten sind gut befestigt. Fahrradfahren ist nur im Schloßpark ausdrücklich verboten. Drei markierte Wege erschließen unterschiedliche Baum-Anbauzonen. Unterwegs kommt man je nach Route an einem Grillplatz, an mehreren schönen Spielplätzen und an einer kühlen Kneippanlage vorbei. Dazwischen hat man immer wieder einen schönen Blick auf die Burgen Windeck und Wachenburg.

Für ganz kurze Spaziergänge (oder als Einstimmung) empfiehlt sich der Schloßgarten mit der größten Zeder Deutschlands, deren Alter man auf 250 Jahre schätzt. Nebenan können die Kleinsten am Teich Enten füttern oder sich auf dem Abenteuerspielplatz austoben. Ferner gibt es eine Vogelvoliere und einen Minigolfplatz mit Flutlichtbetrieb. Neu angelegt wurde im Schloßgarten auf vier Terrassen ein Heilpflanzengarten. Einen Kurzführer mit Karte von Schloßpark und Exotenwald erhält man kostenlos an den Kiosken und beim Verkehrsverein.

Toureninfos

i Verkehrsverein e.V., Bahnhofstraße 15, 69469 Weinheim, Tel. 06201/991117, Fax 991135.

Schloßpark und Exotenwald ganzjährig und durchgehend geöffnet. Drei Rundwanderwege (2,4 km, 3,1 km und 4,4 km).

Führungen zwischen Ostern und Anfang September durch den Exotenwald jeden Sa 16 Uhr (Treffpunkt Minigolfplatz). Führungen durch den Heilpflanzengarten jeden 2.Sonntag im Monat um 11 Uhr (Treffpunkt Vogelvoliere); Minigolf April-Oktober bis abends geöffnet.
Eintritt und Führungen frei.

2 Kioske und 'Schloßpark-Restaurant' (Di Ruhetag), Tel. 06201/99550.

Parkplatz am Schloßpark (Lützelsachsener Straße). Anfahrt über BAB A 5 (Autobahnkreuz Weinheim), B 38 bis Stadtmitte oder über die B 3 (Bergstraße) von Norden und Süden (gut ausgeschildert).

DB-Bahnhof Weinheim; OEG-Bahnhof Weinheim; OEG-Buslinien 22, 23 und 24; BRN-Buslinien 5504, 5521, 5522, 5523, 5580, 5581.

Wanderung zu Windeck und Wachenburg (53)
Erlebnisbad Miramar (74)

57

Eisenbahnmuseum Darmstadt-Kranichstein

Nostalgie für Fans - und solche, die es werden wollen

Alles andere als eine sterile Museumsatmosphäre mit blankgeputzten Loks, die irgendwann irgendwelche Rekorde eingefahren haben, umfängt den Besucher im Eisenbahnmuseum Darmstadt-Kranichstein. Etwas für eingefleischte Eisenbahnfans, die den Geruch von Kohle, Öl und heißem Dampf suchen, die hautnah etwas von Eisenbahnromatik spüren oder gar selbst Hand an ausgediente Stahlkolosse legen wollen - das ist das Eisenbahnmuseum Kranichstein. Derzeit über 25 Lokomotiven und mehr als 80 Eisenbahnwaggons vergangener Zeiten stehen auf dem ehemaligen Bahnbetriebsgelände in ihrer angestammten Umgebung: im riesigen Lokschuppen, auf den Gleisanlagen oder auf der Drehscheibe, die der Besucher bestenfalls von seiner Modelleisenbahn her kennt. Die Herzen schlagen höher, wenn einmal im Monat eine 2000-PS-Lok unter Dampf gesetzt wird und auf dem Gelände hin- und herfährt. An etwa zehn Tagen des Jahres gibt es auch nostalgische Sonderfahrten zum Bessunger Forsthaus und auf der Strecke Weinheim-Fürth im Odenwald. Begehrt sind auch jedes Jahr die beiden Dampflokfeste, bei denen man/frau Führerstände besteigen kann und dort ein Stück mitfahren darf.

Im Museum gibt es ferner ein echtes Stellwerk zu bewundern, das einen kleinen Modell-Eisenbahnhof steuert, Werkstätten, Signalanlagen sowie Bilder, Bücher, alte Pläne und vieles mehr. Betreut wird das Ganze von einem Verein, der sich sehr engagiert und auf öffentliche Unterstützung weitgehend verzichten muß. Diese Begeisterung spürt man auch bei den Führungen, die die ehrenamtlichen Mitarbeiter regelmäßig anbieten. Wer seinen eigenen technischen und handwerklichen Sachverstand bei der Restaurierung mit einbringen möchte, kann im Freundes- und Förderkreis Mitglied werden.

Toureninfos

i Eisenbahnmuseum Darmstadt-Kranichstein, Steinstraße 7, 64291 Darmstadt, Tel. 06151/376401, Fax 377600.

Geöffnet jeden So 10-16 Uhr, April-Oktober auch Mi; Sonderführungen nach Absprache.

Erwachsene DM 5,-, Kinder (4 bis 14 Jahre) 2,50, an Dampftagen DM 6,-/3,- und am Dampflokfest DM 8,-/4,-.

Kleine Cafeteria im Museum.

P Parkplätze in der Steinstraße. Anfahrt über BAB A 5 (Ausfahrt Weiterstadt) und Darmstadt-Arheilgen Richtung Kranichstein.

DB-Station Darmstadt-Kranichstein (Fahrzeit 7 min von Darmstadt); Bus-Linie H (Station An der Schleifmühle).

K Eissporthalle Darmstadt (76)

Eisenbahnfans kommen in Darmstadt voll auf ihre Kosten.

58

Hessisches Landesmuseum Darmstadt

Ein Seminar in Faustkeiltechnik

Ein Speer fliegt durch die Luft, am Boden züngelt ein Feuer, nur mit Feuersteinen entfacht, und ein Gruppe ist damit beschäftigt, Knochenstücke solange mit Faustkeilen zu bearbeiten, bis daraus Nähnadeln oder Harpunenspitzen entstehen. Es sind besonders die begleitenden Veranstaltungen zu den Sonderausstellungen, die für Kinder spannend sind; so fand die Ausstellung 'Mammuts in Sibirien' großes Interesse.

Die 'Steinzeitwerkstatt' ist zwar inzwischen geschlossen, wird bei Bedarf aber für Gruppen wieder geöffnet. Zahlreiche Begleitprogramme für Kinder wurden auch bei der Ausstellung 'Himmel und Hölle 1945-49' angeboten. Hier konnten Kinder und Jugendliche Wohn- und Spielsituationen der Nachkriegszeit nachspielen und nachempfinden.
Daneben veranstaltet das Museum regelmäßig Malstunden, und ehrenamtliche Mitarbeiter machen spezielle Führungen für Kinder im Vorschulalter durch die Zoologische Abteilung unter dem Motto 'Tiere im Wald'. Vorgestellt werden Hase, Fuchs, Reh, Eichhörnchen und Specht und ihre Lebensweisen.
Das Hessische Landesmuseum will als eines der ältesten deutschen Museen über fünf Stockwerke einen besonderen „Universalcharakter" wahren: in der geologisch-paläontologischen Abteilung ist ein fossiles Urpferdchen aus der weltberühmten Grube Messel zu bewundern, sowie fossile Tiere, Pfanzen und besondere Gesteine. Die zoologische Abteilung bietet ausgestorbene Tiere, tiergeographische Dioramen bis hin zu den Grundlagen des Lebens und erfaßt auch Fragen der Gentechnologie. Eine Abteilung ist der Kunst- und Kulturgeschichte mit der Archäologie gewidmet, eine weitere zeigt Skulpturen, Kleinplastiken und Kunsthandwerk. Ferner gibt es Bilder des 20.Jahrhunderts, eine Sammlung kostbarer Glasmalereien, eine graphische Sammlung sowie die bedeutendste Sammlung des Avantgarde-Künstlers Joseph Beuys.

Die Veranstaltungen der Museumspädagogen sind heiß begehrt.

Toureninfos

Verkehrsverein Darmstadt e.V., Luisenplatz 5, 64283 Darmstadt, Tel. 06151/13-2781, Fax -2783;

Hessisches Landesmuseum, Friedensplatz 1, 64283 Darmstadt, Tel. 06151/165703, Fax 28942; Museumspädagogische Abteilung: Tel. 06151/165782.

Di - Sa 10-17 Uhr; Mi auch 19-21 Uhr; So und Feiertag 11-17 Uhr. Malstunde für Kinder von 5 bis 16 Jahren nach Vereinbarung (Tel. 06151/165784). Führungen für Vorschulkinder nach Vereinbarung; Dauer ca. 1 Stunde (kostenlos).

Erwachsene DM 5,-, Kinder und Schüler bis 18 Jahre DM 1,-; Familienkarte DM 10,-; Sonderausstellungen mit besonderen Preisen.

Cafeteria geöffnet Di - Sa 10-16.30 Uhr, So ab 11 Uhr.

Tiefgarage, Einfahrt Karolinenplatz (Innenstadt); Zufahrt über BAB A 5/A 67 und B 26 oder B 3 von Heidelberg und Cityring.

Bus- und Bahnlinien H, K, F, L, D, R und 3, 9, 10 (Haltestelle Schloß).

59

Darmstädter Jugendbühne Kikeriki

Zauberei in Spinat und Spiegelei

Es hätte nicht viel gefehlt, und der böse Zauberer hätte das lachende Publikum in Spinat und Spiegelei verzaubert. Das nett aufgemachte Kinderstück 'Kasper und Maus im Zauberhaus' ist ein Puppenstück im Darmstädter Theater 'Kikeriki', das sich in den letzten Jahren im Darmstädter Ortsteil Bessungen etabliert hat. Empfohlen wird das Stück für

Kinder ab vier Jahren. Herzerfrischend die Komik und Wortspielereien, mit denen der wurstnasige Zauberer Kaspers Hund 'Maus' verzaubert und wie der nichts-fürchtende Kasper seinen Freund wieder aus den Fängen des Zauberers befreit. Am Schluß wird's moralisch: Freunde gewinnt man nicht, indem man sie fängt, sie in einem Zimmer voll Spinnweben einsperrt und verzaubert.
Das Kikeriki-Theater für Kinder hat mit seinen Handpuppen klassische Märchenstoffe, Kasperstücke und solche mit pädagogischem Inhalt im Repertoire. In jüngster Zeit waren Stücke wie 'Max und Moritz', 'Petzi und der Pfannkuchenräuber', Andersens Märchen vom 'Standhaften Zinnsoldaten' und zahlreiche Kasperstücke im Programm. Neu sind 'Der kleine Bär Nein-Nein' und 'Wie war das mit Pinocchio?' auf dem Spielplan. Karten sind meist auch kurzfristig verfügbar - also auch etwas für spontane Unternehmungen.

Toureninfos

Kikeriki-Theater Darmstadt, Bessunger Straße 88, 64285 Darmstadt, Tel. 06151/65593, Fax 661748. Erwachsenen-Theater und Kindertheater mit Stücken geeignet ab 3 Jahren.

Vorverkauf: Di und Sa 11-14 Uhr, Do 16-19 Uhr.

Eintrittspreise variabel je nach Stück; derzeit gilt für Kinder und Erwachsene ein Einheitspreis von DM 7,-.

Einkehrmöglichkeiten im Stadtteil Bessungen.

Parkmöglichkeiten in der Orangerie oder auf dem Gelände der Stadtbauverwaltung (TAP) in der Bessunger Straße und im Ortsteil Bessungen. Zufahrt über die B 3 (Heidelberger Straße).

Straßenbahn-Linien 1, 7 und 8 (Haltestelle Bessunger Straße).

60

Radtour durchs Neckartal

Zu den Herren auf Schloß Hirschhorn

Ein Ausflug mit dem Fahrrad zur mittelalterlichen Stadt Hirschhorn und zur Festung könnte eigentlich von jedem Punkt des Neckartals aus beginnen. Wir haben uns für den Ausgangspunkt Neckargemünd entschieden und dies aus mehreren Gründen. Wer mit dem Auto und den Rädern auf dem Dach anreist, findet hier ausreichend Parkmöglichkei-

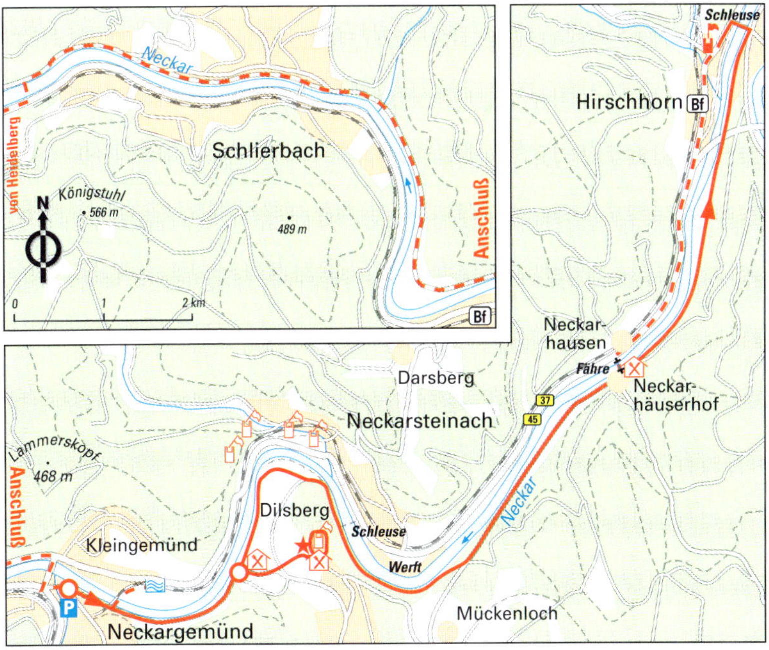

ten am Neckar oder am Ortsrand. Ferner ist Neckargemünd Bahnstation und somit bestens geeignet für den Huckepack-Transport des Drahtesels in der Bahn. Letztlich gibt es hier einen Fahrradverleih (siehe S.17), und für kurze Strampelbeine ist die Strecke nach Hirschhorn noch gut zu schaffen.

Ausgangspunkt ist die Bootsanlegestelle mit dem großen Parkplatz. Wir halten uns zunächst immer auf der (in Fließrichtung) linken Seite des Neckars, unterqueren die Eisenbahnbrücke bis nach Rainbach. Leider muß man sich den schmalen Radweg zwei Kilometer lang mit den Fußgängern teilen, doch ab dem Nobel-Lokal 'Die Rainbach' ist man den Autoverkehr erst einmal los. Wir bleiben immer in Ufernähe und genießen den schönsten Ausblick der Tour: rechts oben die Festung Dilsberg (61) und gegenüber die vier Burgen von Neckarsteinach (69). Meist fahren wir auf einem 'Treidelpfad', auf dem früher Pferdegespanne die Lastkähne flußaufwärts gezogen haben. Bald sind wir (nach dem Campingplatz) an der Schleuse und schauen zu, wie schwerbeladene 'Neckarschlappen' und Ausflugsdampfer mühelos per Wasserkraft den Höhenunterschied überwinden. Nun müssen wir uns entscheiden: Entweder wir statten den vier Burgen einen Besuch ab, dann muß der Neckar überquert werden; oder wir steuern ohne Ablenkung Hirschhorn an. In diesem Fall sehen wir am gegenüberliegenden Ufer eine interessante Schiffswerft. Nach einer sehr schönen Strecke auf dem Fahrradweg erreichen wir den Neckarhäuser Hof.

Hier kann man Ruderboote mieten, den Neckar mit der alten Fähre überqueren oder sich erst einmal dem schattigen Biergarten des 'Grünen Baums' zuwenden. Wir danken dem Erfinder des 'Radler' und huldigen ihm mit einem solchen. Frisch gestärkt geht's am gleichen Ufer ein paar Minuten bis nach Hirschhorn. Dort über die Schleuse und schon sind wir in der schönen Altstadt mit seinen engen Gassen und Fachwerkhäusern.

Wer genug Ausdauer hat, sollte das Fahrrad irgendwo abstellen und zu Fuß die sehenswerte Burg Hirschhorn in 20 Minuten erklimmen. Die Burg stammt im Kern noch aus dem Jahr 1200. Lohnenswert ist es in jedem Fall, den Turm zu besteigen und den weiten Blick zu genießen.

Für den Rückweg bleiben über das schmale Neckartal kaum Varianten, denn das (in Fließrichtung) rechte Neckarufer ist durch den erheblichen Straßenverkehr nicht besonders zu empfehlen. Daher bleiben wir links und freuen uns auf einen feuchten Abschluß im Schwimmbad Neckargemünd; dazu überquert man den Neckar am besten auf der Eisenbahnbrücke hinüber nach Kleingemünd.

Geradzu abenteuerlich liegt das ´Schwalbennest´ bei Neckarsteinach.

Toureninfos

Verkehrsamt Hirschhorn, Alleeweg 2, 69434 Hirschhorn, Tel. 06272/923140, Fax 1742.

Einfache Wegstrecke Neckargemünd-Hirschorn ca. 15 km.

Fährzeiten: in der Sommerzeit werktags 6-20.30 Uhr, sonn- und feiertags ab 8 Uhr; in der Winterzeit: werktags 6-19 Uhr, sonn- und feiertags ab 8 Uhr;

Burg Hirschhorn ganzjährig geöffnet. Kostenlose Stadtführung Hirschhorn Juni-September jeden Sa um 10 Uhr (Treffpunkt am Bürgerhaus).

Eintritt auf Schloß Hirschhorn frei; Turmbesteigung gegen kleine Spende.

Fährüberfahrt Neckarhausen: Erwachsene DM 0,80, Kinder (4 bis 12 Jahre) DM 0,50, Räder mit Fahrer DM 1,-.

'Die Rainbach' (gehobene Preiskategorie, Mo Ruhetag), Tel. 06223/2455;

'Grüner Baum', Biergarten 9-23 Uhr geöffnet, (Juni-August So Ruhetag, sonst Mi), Tel. 06229/7528;

Schloßhotel Hirschhorn, Tel. 06272/1373, 2332 (Mo Ruhetag), gehobene Preiskategorie; zahlreiche Einkehrmöglichkeiten in Hirschhorn.

P Parkplatz an der Bootsanlegestelle Neckargemünd. Anfahrt von Heidelberg-Mitte über die B 37 oder von Sinsheim über die B 45.

DB-Bahnstation Neckargemünd, HSB-Bus 35 und BRN-Bus 7015.

K Wanderung auf die Festung Dilsberg (61)

Mauer - Museum Homo Heidelbergensis (64)

Vier Burgen von Neckarsteinach (69)

Freibad Neckargemünd

61

Wanderung auf die Festung Dilsberg

Unheimliches im alten Brunnenstollen

Die Burgfeste Dilsberg ist genau das richtige für einen Sonntagnachmittags-Ausflug. Wer mit dem Auto anreist, parkt am besten entlang der Straße vor der Festung (noch vor dem Stadttor) oder auf dem Parkplatz hinter der Jugendherberge; wer die Festung zu Fuß erklimmen will, startet im Ortsteil Neckargemünd-Rainbach. Ist man am Dilsberger Stadttor angekommen, verschweigt man dem Nachwuchs am besten den schönen Spielplatz bei der Sporthalle (etwa 100 Meter unterhalb des Stadttors) und hebt ihn für den Schluß des Besuchs auf. Wir halten uns gleich links, gehen an der Jugendherberge vorbei und umrunden die Altstadt unterhalb der Stadtmauer. Durch die Nordpforte und durch die engen Gäßchen läßt es sich gemütlich zur eigentlichen Festung bummeln. Vorbei an dem Freilufttheater, in dem häufig Theatervorführungen und Konzerte stattfinden, gelangen wir in den Burghof. Der Eintritt und die Besteigung des Turms (96 Stufen) mit der hohen Zinnenmauer lohnen sich in jedem Fall, denn von kaum einer Stelle im Neckartal bietet sich ein derartig schöner Überblick über den sich dahinschlängelnden Fluß und die weiten Höhen des Odenwaldes.

Die Festung Dilsberg, deren Fundamente bis ins Jahr 1150 zurückreichen, galt früher als uneinnehmbar. So hielt sich lange das Gerücht, daß es einen geheimen Fluchtstollen hinunter nach Neckarsteinach zu den Burgen geben müsse. Ein Amerikaner seilte sich um die Jahrhundertwende den 46 Meter tiefen Brunnen hinab und entdeckte tatsächlich einen Stollen. 1926 wurde dieser freigelegt und ist inzwischen von außen her begehbar; allerdings handelt es sich dabei nur um einen Entlüftungsstollen für den Bau des Burgbrunnens aus dem Jahr 1650. Der 80 Meter lange Stollen (Schlüssel am Burgkiosk) bietet derzeit zahlreichen Fledermäusen ein geschütztes Domizil. Daher ist der Stollen im Winter nicht zugänglich. Nach der Burgbesichtigung bietet es sich an, beim Theater nach links in den Burggarten abzubiegen und zum Parkplatz bei dem eingangs erwähnten Spielplatz abzusteigen.

Toureninfos

Fremdenverkehrsamt der Stadt Neckargemünd, Hauptstr. 56, 69151 Neckargemünd, Tel. 06223/804197 oder 3553, Fax 804280; Rathaus Dilsberg, Tel. 06223/2444 (8-12 Uhr).

Burg und Stollen April-Oktober 10-17.30 Uhr geöffnet (Die Öffnungszeiten hängen von den Fluggewohnheiten der Fledermäuse ab).

Erwachsene DM 2,-, Kinder (ab 6 Jahren) DM 1,-.

Zahlreiche Einkehrmöglichkeiten in Dilsberg.

Parkplätze in Neckargemünd-Rainbach und in Dilsberg vor dem Stadttor. Zufahrt vom Neckartal über die B 37 und von Sinsheim über die B 45 nach Neckargemünd.

DB-Bahnstation Neckargemünd und BRN-Bus 7021.

Vier Burgen von Neckarsteinach (69)

62

Durch die Wolfschlucht auf den Katzenbuckel

„Sechse treffen, siebene äffen!"

Die berühmte Wolfschlucht-Szene aus Carl Maria v.Webers 'Freischütz' kann in kaum einer Inszenierung so romantisch-bedrohend dargestellt werden wie das natürliche Vorbild auf den Wanderer wirkt. Düster, feucht und fast immer unheimlich, aber gleichzeitig auch spannend und landschaftlich reizvoll ist die Durchsteigung der Wolfschlucht bei Zwingenberg am Neckar. Woher die Schlucht ihren Namen hat, ist unklar; möglicherweise, weil hier am 12.3.1866 der letzte Wolf des Odenwaldes erlegt wurde.

Autofahrer starten am Parkplatz bei der Gaststätte 'Wolfschlucht' direkt an der B 37 in Zwingenberg; wer mit der Bahn anreist, orientiert sich vom Bahnhof aus an der unverwechselbaren Schloßanlage. Leider können wir das ehrwürdige Gemäuer aus dem späten Mittelalter nur von außen bewundern, bevor es durch die Schlucht steil aufwärts geht. Bisweilen heißt es, über große, bemooste Felsbrocken und umgestürzte Bäume zu klettern, immer der roten Raute folgend bis an den Ortseingang von Oberdielbach. Da man vor hier aus den Katzenbuckel als den höchsten Punkt des Odenwaldes mit seinen 626 Metern immer vor Augen hat, kann man sich auch ohne Markierung eigentlich nicht verlaufen. Über Waldkatzenbach und vorbei (!) an der Turmschänke wandern wir über den Parkplatz und besuchen zunächst den kleinen See.
Dann geht's weiter zur neuen Skisprungschanze (Mattenspringen im Frühjahr). Wir nehmen den alten Vulkanstumpf von der Rückseite (blaue Raute) und besteigen gleich den Aussichtsturm aus dem Jahr 1822. Über die hochinteressante Geologie informiert uns nach dem Abstieg eine Infotafel bei der Turmschänke, bevor wir uns von der vegetarischen Speisekarte und vor allem von unserem Durst zu einer Pause überreden lassen. Kaum zu glauben, daß der Katzenbuckel einst gute 600 Meter höher gewesen sein soll, bevor das Wasser in Jahrmillionen den heutigen Vulkankegel aus der Landschaft herausmodelliert hat.
Im Winter gilt der Katzenbuckel als beinahe schneesicher; dann tummeln sich hier oben Hunderte von Rodlern auf den Hängen, und Langläufer ziehen auf der schönen Loipe ihre Bahnen. Der Schlepplift ist leider nicht mehr in Betrieb.
Wir nehmen nun die letzte Etappe der Tour in Angriff: Wer direkt nach Zwingenberg wandern möchte, muß über Oberdielbach wieder durch die Wolfschlucht. Bevorzugen wir die Rundtour, halten wir uns nach Westen und stoßen bald auf die 'blaue Raute'. Über die Ruine Eberbach geht es nun in steilen Serpentinen hinunter direkt zum Bahnhof Eberbach und von dort per Bahn entweder nach Zwingenberg zurück oder gleich weiter heimwärts.

Toureninfos

i Schloß Zwingenberg: Markgräflich Badisches Forstamt, 69439 Zwingenberg/Neckar, Tel. 06263/211; Verkehrsamt Waldbrunn, 69429 Waldbrunn, Alte Marktstraße 4, Tel. 06274/930212, Fax 930230; an Wochenenden im Winter Schneetelefon über Anrufbeantworter.

Man sollte sich für die Wolfschlucht-Katzenbuckel-Tour einen ganzen Tag Zeit nehmen und feste Wanderschuhe anziehen; bei Schnee ist der Weg durch die Schlucht nicht zu empfehlen.

Besichtigung Schloß Zwingenberg nur mit Führung (ab 40 Personen) und außerhalb der Festspielzeit (Juli/August); Turm auf den Katzenbuckel immer geöffnet. Gesamtwanderstrecke gut 16 Kilometer.

Turmbesteigung Katzenbuckel frei.

Turmschänke am Katzenbuckel, täglich 10-22 Uhr geöffnet (Di Ruhetag), Tel. 06274/383.

P Parkmöglichkeit unterhalb Schloß Zwingenberg und am Katzenbuckel. Anfahrt über das Neckartal B 37.

DB-Bahnhof Eberbach und Zwingenberg/Neckar. BRN-Bus 5640 Mosbach-Eberbach

Greifvogelwarte Burg Guttenberg

Unter Geiern

Wenn der Seeadler zum Tiefflug über die Köpfe der Zuschauer ansetzt, stockt manchem der Atem. Doch zielsicher und mit sprichwörtlichem Adlerblick greift sich der König der Lüfte die Beute nur wenige Zentimeter oberhalb der Zuschauer. „Sie müssen sich vor den Tieren nicht verneigen", kommentiert Claus Fentzloff die erschreckte Reaktion der Zuschauer. Allerlei Humorvolles und Wissenswertes weiß der Ornithologe über die verschiedenen Raubvögel zu berichten. Der Wissenschaftler ist Chef von Deutschlands einziger wissenschaftlicher Zucht- und Flugtrainingsstation für Seeadler und andere Großvögel, die vom Aussterben bedroht sind. Er leitet die Vorführungen fast immer persönlich und weiß sein zahlreiches Publikum täglich aufs neue zu begeistern. Man hat nie den Eindruck einer Zirkusdressur, und doch scheinen die Tiere ihm aufs Wort zu gehorchen. Wenn die erhabenen Mönchsgeier um die Ecke humpeln, dann ist ihnen der Applaus sicher. Die Geier, oft geschmäht, sind in vielen Ländern als Aasvertilger wertvolle 'Umweltpolizisten'.

Auf Burg Guttenberg wurden in den letzten Jahren 36 junge Seeadler aufgezogen, erfolgreich ausgewildert und haben ihrerseits bereits Nachkommen. Die Flugvorführungen erfüllen dabei zwei Ziele: einerseits dienen sie dem täglichen Flugtraining, andererseits werden mit dem Eintrittsgeld Forschungs-, Zucht- und internationale Artenschutzprogramme finanziert. Außerhalb der Flugvorführungen können alle 100 Greifvögel und Eulen in ihren Gehegen besichtigt werden.

Die Burg Guttenberg beherbergt neben der Greifvogelwarte auch ein sehenswertes Museum, das alleine einen Ausflug wert ist. Hier ist nicht nur ein mittelalterlicher Flohfänger, sondern auch eine einzigartige Holzbibliothek zu besichtigen. Die Buchrücken sind dabei aus Rinde und im Innern finden sich Pilze, Samen und Früchte der Bäume.

Tausende von Zinnfiguren demonstrieren die Schlacht um Burg Wimpfen und die Belagerung Heidelbergs. Vorbei an alten Schießprügeln, blechernen Ritterrüstungen und durch die Folterkammer mit ihrem grausamen Folterwerkzeug sollte man den Turm mit seinem herrlichen Fernblick über das Neckartal besteigen. Empfehlenswert ist es, den Wagen beim ehemaligen Kleinwagenmuseum in Neckarmühlbach abzustellen und der Beschilderung folgend in wenigen Minuten über den 'Treppenweg' zur Burg zu wandern.

Auch Adlerkinder müssen das Fliegen erst lernen.

Toureninfos

Burg Guttenberg, 74855 Neckarmühlbach; Tel. 06266/388.

Burg und Vogelgehege täglich geöffnet von März-November. Greifenwarte: 9-18 Uhr, Flugvorführungen täglich 11 und 15 Uhr (im März und November nur 15 Uhr), Dauer ca. 1 Std.; Burgmuseum: geöffnet täglich 9.30-18 Uhr. Führungen nach Absprache.

Greifenwarte mit Vorführung: Erwachsene/Kinder DM 12,-/7,-; Museum: DM 5,-/3,-, Führung DM 7,-/5,- (mind. DM 120,- pro Gruppe); Kombikarte Greifenwarte und Museum: DM 16,-/9,-.

Burgschenke (März-November) täglich von 9-22 Uhr geöffnet (Mo und Di Ruhetag); Tel. 06226/228.

Ausreichend Parkplätze vor der Burg; Anfahrt über das Neckartal (B 27) Mosbach/Haßmersheim/Neckarmühlbach oder über Neckarsulm/Bad Friedrichshall. Anfahrt auch über BAB A 6 (Ausfahrt Bad Rappenau).

DB-Bahnstation Gundelsheim (ca. 2 km).

Salzbergwerk Bad Friedrichshall (67)
Kraftwerk Heilbronn (66)

Wellenbad in Bad Rappenau

64

Mit dem Fahrrad zum Urgeschichtlichen Museum nach Mauer

Auf der Suche nach Adam und Eva

„Heit haw ich de Adam gfunne!“, soll in breitem Pfälzisch der Arbeiter Daniel Hartmann gerufen haben, als er voller Stolz am 21.Oktober 1907 einen menschlichen Unterkiefer in seine Stammkneipe brachte. Heute ruht der bislang einzige Überrest des 600.000 Jahre alten 'homo heidelbergensis' im Panzerschrank des Geologischen Instituts der Universität Heidelberg. In Mauer zeugt ein kleines Museum von der Urgeschichte des Menschen (mit einer Kopie des Unterkiefers) und von der damaligen Tier- und Planzenwelt. Verständlich werden Eiszeitalter und natürliche Flußverlegungen des Neckarbettes erklärt sowie zahlreiche Fundstücke aus der Gegend um Mauer gezeigt. Leider fehlt dem netten, kleinen Museum in Mauer noch ein entscheidendes Teil für die Ausstellung: nach dem Unterkiefer Evas soll angeblich noch heftig gesucht werden.

Der Fundort selbst im Naturschutzgebiet 'Am Grafenrain' liegt nördlich des Ortes (Hinweisschild) und gibt relativ wenig her; das Klettern oder Graben in den steilen Lößwänden ist verboten. Der Ausflug nach Mauer bietet sich am ehesten in Kombination mit einer ganztägigen Radtour von Heidelberg oder Neckargemünd aus an. Letzteres ist eher zu empfehlen, da die Radwege nach Neckargemünd an stark befahrenen Autostraßen entlang führen. Vom Parkplatz an der Bootsanlegestelle in Neckargemünd geht die Route nach Wiesenbach und von dort über die Felder leicht bergab und bergauf zum Museum nach Mauer. Nach der Überquerung von Bundesstraße und Bahnlinie bietet sich ein Abstecher zum schön gelegenen Spiel- und Grillplatz 'Vorderwald' an, oder man hebt sich diesen als Pause für den Rückweg auf. Weiter geht's nach Meckesheim und von dort auf geteerten Feldwegen nach Oberhof. Kurz vor der kleinen Siedlung noch eine kräftige Steigung, die jedoch mit einem der schönsten Ausblicke über den Kraichgau belohnt wird. Im schattigen Biergarten des Gasthauses 'Zum Wiesengrund' ist dann das Ziel erreicht. Zurück radelt man zunächst auf demselben Weg, sollte aber in Mauer auf der linken Seite der Elsenz nach Bammental weiterfahren und dem Waldschwimmbad noch einen Besuch abstatten. Nach der Unterquerung der B 45 stoßen wir in Wiesenbach wieder auf die alte Route bis nach Neckargemünd.

Toureninfos

Die Tour hat einige Steigungen und erfordert etwas Ausdauer; Urgeschichtliches Museum Mauer im Rathaus, Heidelberger Str. 34, Tel. 06226/92200; Führungen Tel. 1403.

Gesamtstrecke Neckargemünd-Mauer-Oberhof-Bammental-Neckargemünd gut 28 Kilometer.

Museum Mauer: Mo-Fr 8-12 und 13-16 Uhr; Sa und So geschlossen. Führungen nach Vereinbarung.

Eintritt ins Museum frei.

'Gasthaus zum Wiesengrund' in Oberhof täglich 11.30-24 Uhr geöffnet (Mo und Di Ruhetag), Tel. 06226/92190; Eisdielen in der Ortsmitte von Bammental, am östlichen Ortsende von Wiesenbach und im Zentrum von Neckargemünd.

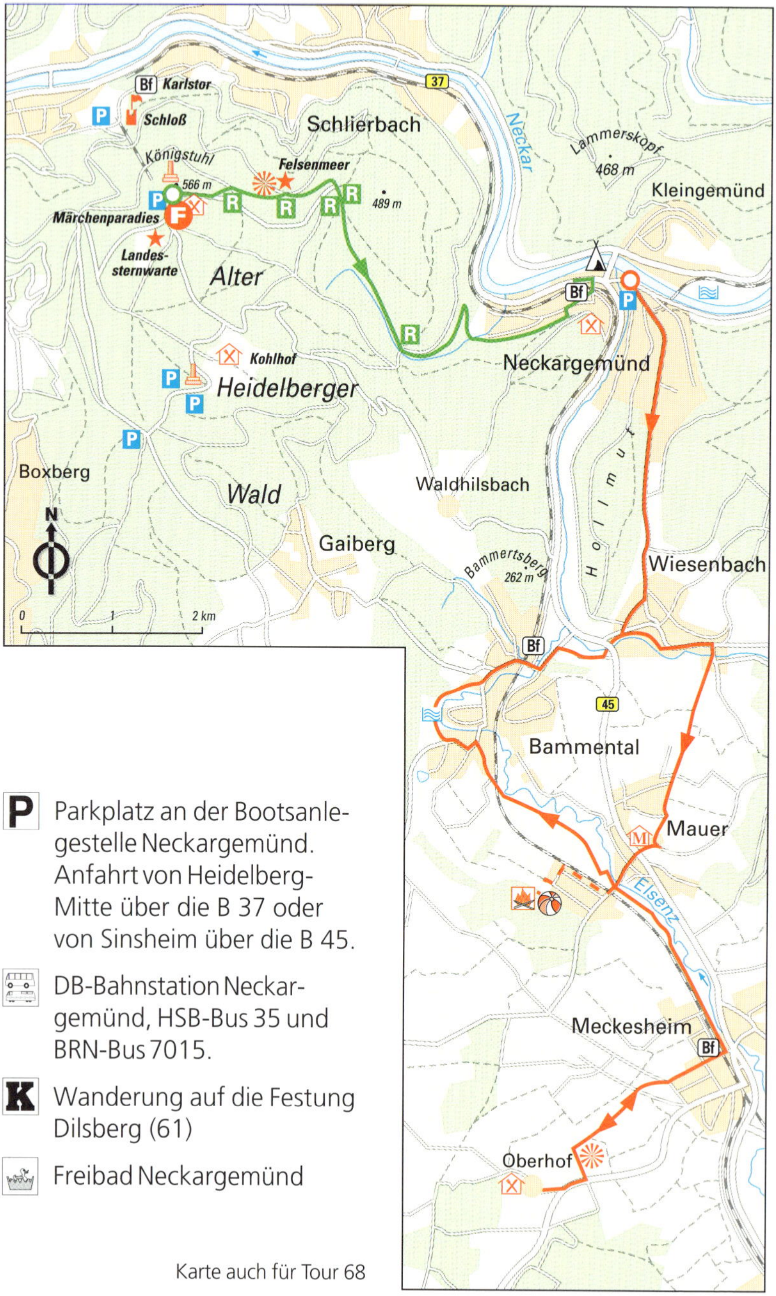

P Parkplatz an der Bootsanlegestelle Neckargemünd. Anfahrt von Heidelberg-Mitte über die B 37 oder von Sinsheim über die B 45.

DB-Bahnstation Neckargemünd, HSB-Bus 35 und BRN-Bus 7015.

K Wanderung auf die Festung Dilsberg (61)

Freibad Neckargemünd

Karte auch für Tour 68

Kanufahrt zwischen Eberbach und Neckarsteinach

Durch die wilden Fluten des Neckars

Eine sicherlich außergewöhnliche Art, die Schönheit des Neckartals hautnah zu erleben, ist die mit dem Kanu - genauer: mit dem Kanadier. Nur wenige werden ein solches Wasserfahrzeug ihr eigen nennen, aber in Eberbach am Neckar gibt es die Möglichkeit, ein Kanu zu leihen, ohne sich Sorgen über dessen Rücktransport machen zu müssen.
Wer die Welt vom Wasser aus erkundet, sieht die Natur mit anderen Augen.

Die Seele baumeln lassen - Im Miet-Kanu auf dem Neckar.

Im geräuschlosen und mühelosen Dahingleiten ist man schnell in Gesellschaft von Reihern, Gänsen oder Enten. Die Bootstour auf dem Neckar setzt keine besonderen Kanu-Erfahrungen voraus; Schwimmen sollte man zwar können, doch zur Sicherheit gibt's Schwimmwesten zum Entleihen. Die Boote sind für 3 Erwachsene oder für 2 Erwachsene und 2 Kinder unter 12 Jahren ausgelegt.
Ausgangspunkt der Bootstour ist der Campingplatz Eberbach, den man entweder direkt mit dem Auto erreicht oder per Bahn oder Schiff (vgl. Tour 69). Letzteres ist zu empfehlen, wenn man das Auto in Neckarsteinach abgestellt hat. Entsprechend kann man damit nach der Kanutour auch die Rückreise zum Ausgangspunkt Eberbach antreten. Vom Bahnhof geht es durch die schöne Altstadt zum Neckar. Etwas unterhalb der Bootsanlegestelle erreichen wir die Fähre und kommen so direkt zum Campingplatz. Hier werden große und kleine Indianer auf Zeit mit einer kleinen Broschüre und den notwendigen Instruktionen für das Bootsabenteuer versorgt. So ist es ausdrücklich untersagt, mit dem Kanu die Schleusenkammern zu befahren. Umtragen bzw. mit dem (kostenlosen) Schleusenwagen Umfahren heißt hier die Devise. Wo das vonstatten geht, ist alles der besagten Broschüre zu entnehmen. Nur Mut! Das ist leichter als es sich anhört.
Wer unterwegs gerne eine Pause einlegt, um nach Indianermanier den mitgebrachten Grill anzuwerfen oder die Burg Hirschhorn zu ersteigen (vgl. Tour 60), wird für die etwa 20 Flußkilometer bis zum Campingplatz Dilsberg gegenüber von Neckarsteinach gute 5 Stunden rechnen müssen. Unermütliche können noch weitere 10 Kilometer bis zur Bootsrückgabestelle in Heidelberg beim Tretbootverleih anhängen.

Toureninfos

Kanureservierung bei Jörg Barth, Hardtweg 7, 69429 Waldbrunn, Tel. 06274/6190 (ab 17 Uhr); Verleihstelle: Campingpark Eberbach. Ausweispapiere erforderlich.

Verleih der Boote zwischen April und Oktober. Neckarfähre Eberbach verkehrt täglich zwischen 9 und 19.30 Uhr.

Verleihpreis pro Boot: Wochentag DM 60,-, Tag am Wochenende DM 70,-, ganzes Wochenende DM 90,-; Schwimmwesten, Kleidertonnen je DM 5,-; Rücktransport des Kanus DM 1,- /km;

Neckarfähre Eberbach (Mitte Mai - Ende September): Erwachsene DM 1,-, Kinder und Fahrräder DM 0,50.

Einkehrmöglichkeiten in allen Ortschaften zwischen Eberbach und Heidelberg.

P Anfahrt nach Eberbach über B 37; Parkplätze am Neckarufer; von dort über die Autobrücke oder per Neckarfähre zum Campingplatz Eberbach am linken Flußufer.

SWE-Busse und BRN-Bus 7017; DB-Bahnhof Eberbach (ca. 20 min).

K Schiffstour auf dem Neckar (69)
Radtour nach Hirschhorn (60)

66

Das Kraftwerk Heilbronn

Hier kommt der Strom in die Steckdose

Im Heizkraftwerk Heilbronn ist man sehr bemüht, vom alten Image der Kohle-Dreckschleudern abzukommen und zu demonstrieren, was mit moderner Verbrennungstechnik und vollständiger Abgasreinigung zu erreichen ist. Für ältere Schulkinder ist der Besuch des Kraftwerkes ein lehrreicher Einblick in die moderne Energieerzeugung.
Der relativ neue Block 7 des Kraftwerkes mit seiner Leistung von ca. 700 Megawatt ist nicht zu übersehen: 140 Meter ragt der Kühlturm in die Höhe, übertroffen nur noch von den beiden 250-Meter-Schornsteinen; daneben die aufwendige Entstickungs- und Entschwefelungsanlage und die Elektrofilter für die Flugasche. Im Informationszentrum gibt es jede Menge Schautafeln zum Thema Energie und eine kleine, mit Solarstrom betriebene Modell-Eisenbahn. Auf einem Leistungsfahrrad läßt sich testen, wieviel Kilowatt per Muskelkraft zu erzeugen sind. Derlei Kondition ist auch beim dreieinhalb Kilometer langen Fußmarsch gefragt, wenn die Anlage besichtigt wird. Nach dem Konzept der Kraftwerksbetreiber sollen im Informationszentrum die Referenten

zunächst die Fragen der Besucher beantworten, die ihnen besonders unter den Nägeln brennen.
Die reine Kraftwerkstechnik wird erst auf dem Rundgang erklärt. Diese Tour führt von der Kohlenverladung über die Verbrennung, die Dampf- und Stromerzeugung im Kessel- und Generatorenhaus zur Kühlung und Wasseraufbereitung.
Die Abgasreinigung und Entsorgung der Reststoffe wie Schlacke und Gips werden ebenso besucht wie die zentrale Meßwarte. Vom Kesselhausturm mit seinen 130 Metern Höhe hat man einen guten Überblick über die gesamte Anlage.

Toureninfos

Heizkraftwerk Heilbronn, Informationszentrum, Lichtenberger Straße 23, 74076 Heilbronn, Tel. 07131/1872741, Fax 1872777.

Führungen durch das Werk sind erst für Kinder ab 10 Jahre möglich; das Informationszentrum hat keine Altersbeschränkung.

Informationszentrum: geöffnet Mo-Sa 8.30-17 Uhr; Besichtigung des Kraftwerks und Führung (1,5 Stunden / 3,5 Kilometer) nur nach Voranmeldung. Die Veranstalter fassen die einzelnen Interessenten oder Familien zu Gruppen zusammen.

Der Besuch ist kostenlos.

Parkplätze am Informationszentrum. BAB A 6 (Ausfahrt Heilbronn-Untereisesheim), dann auf der B 27 in Richtung Neckargartach, den Neckar nach links überqueren und gleich wieder links in die Lichtenberger Straße einbiegen.

Bus-Linien 3, 93 und 5 (Haltestelle Lichtenberger Straße), ca.1 km Entfernung.

Salzbergwerk Bad Friedrichshall (67)
Greifvogelwarte Burg Guttenberg (63)

Erlebnisbad Aquatoll in Neckarsulm (72)

Besichtigung des Salzbergwerks

Unterwegs in 200 Millionen Jahre altem Salz

Der Besuch des Salzbergwerks Bad Friedrichshall ist eine ideale Schlechtwettertour. Und dennoch wird die Anfahrt mit der Bahn durchs Neckartal besonders bei gutem Wetter ein Genuß. Von Heidelberg kommend schlängelt sich die Bahn mal links, mal rechts vom Neckar über Neckargemünd, Neckarsteinach, Hirschhorn, Eberbach, Mosbach, vorbei an der mittelalterlichen Kulisse von Bad Wimpfen nach Bad Friedrichshall zum Haltepunkt Kochendorf. Dabei geht es eine gute Stunde über Brücken und durch viele Tunnels.

Vom Bahnhof ist man in wenigen Schritten am Besucherbergwerk und kann mit dem Förderkorb 180 Meter tief in den Schacht „König Wilhelm II" abtauchen.

Vor 200 Millionen Jahren lagerten sich hier im Zeitalter der Trias ungeheure Mengen Salz ab - das Ergebnis jahrtausendlanger Verdunstung eines damals tropischen Meeres. Salz ist ein wichtiger Rohstoff für die Chemie, die Lebensmittelbranche und dient noch immer als Streumittel im Straßenverkehr.

Untertage hält man sich an die Beschilderung 'Rundgang' und kommt so auch ohne Führung bestens zurecht. Wir gehen zunächst am Förderband entlang zu den einzelnen Stationen mit geologischen Schautafeln und zu den Sauriern in Lebensgröße. An der 3. Station gibt es eine Tonbildschau zu sehen; bei Nr. 4 eine Technikausstellung über den Salzbergbau früher und heute. Am Ende dieser Kammer befindet sich die Kristall-Sammelstelle. Hier darf sich jeder einen Brocken Steinsalz als Andenken mitnehmen.

Dann geht's durch den Kristallsaal und vorbei an weiteren Stationen wie Förderband und Auftau-Salzlager zum Kuppelsaal mit einer attraktiven Rutschbahn. Auf 42 m Länge kann man hier 11 m in die Tiefe rutschen - ein Riesenspaß für jung und alt.

Toureninfos

Südwestdeutsche Salzwerke AG, Besucherbergwerk, 74174 Bad Friedrichshall-Kochendorf; Tel. 07136/271303, Bandinfo: 271220, Fax 271200.

Der Rundweg untertage ist eben und auch für Rollstühle und Kinderwagen geeignet. Es herrscht eine gleichmäßige Temperatur von 18° bis 20° C.

Schachteinfahrten nur zwischen Mai und Oktober Sa, So- und Feiertag 9.30-16 Uhr, Mittwoch 14-16 Uhr.

Erwachsene DM 12,-, Kinder u. Schüler (6 bis 18 Jahre) DM 7,-; Führung ca. 1,5 Std. (freiwillig), DM 120,- pro Gruppe.

Bergschänke (neben dem Schacht).

Parkplätze vor dem Haupteingang. Anfahrt über die B 27 (beschildert) Mosbach-Heilbronn/Neckarsulm und BAB A 6 (Ausfahrt Neckarsulm).

DB-Haltestelle Kochendorf direkt am Werkseingang; gute Zugverbindung aus Richtung Heidelberg über das Neckartal oder über Sinsheim (ca. 70 min). Anschluß nach Neckarsulm und Heilbronn.

Greifvogelwarte Burg Guttenberg (63)
Kraftwerk Heilbronn (66)

Solefreibad Bad Friedrichshall
Erlebnisbad Aquatoll in Neckarsulm (72)

68

Wanderung über den Königstuhl nach Neckargemünd

(Karte S.168)

Über die Spitzen Heidelbergs

Wir beginnen unseren Ausflug in der Heidelberger Altstadt und steigen am Parkhaus 'Bergbahn' in die blaue Standseilbahn. Sie befördert pro Fahrt rund 100 Personen an einem 44 Millimeter dicken Stahlseil nach oben. Bis zum Jahr 1907 erfolgte der Antrieb noch über wechselnde Wasserlasten: in jedem Wagen befanden sich Wasserkästen, in die acht Kubikmeter Wasser paßten. An der Station Molkenkur wurden die Tanks des oberen Wagens mit Wasser gefüllt; damit war er schwer genug, den Talwagen über eine Umlenkrolle nach oben zu ziehen. Das notwendige Wasser wurde von einer Dampfmaschine aus dem Tal zur Bergstation gepumpt.
Heute funktioniert der Antrieb leider ganz unromantisch mit Strom. Nach dem ersten Zwischenstop am Heidelberger Schloß erreicht man nach 5 Minuten Fahrzeit die Umsteigestation Molkenkur. Hier wird's wenigstens etwas nostalgisch: das dunkelbraune Eichenholz knarrt gewaltig, wenn sich der Originalwagen aus dem Jahr 1907 nach oben bewegt.
Auf dem Gipfel bietet sich bei guter Fernsicht noch der Besuch des Aussichtsturms an. Die nun folgende Wanderung geht praktisch nur abwärts. Wir orientieren uns am großen Sendeturm und lassen diesen rechts liegen; dabei folgen wir dem Wegweiser auf einem großen Sandsteinblock, wie er für den Odenwald typisch ist, in Richtung Neckargemünd. Die asphaltierte Straße verlassen wir gleich hinter der Schranke steil nach links abwärts („Felsenmeer"). Diese Richtung halten wir immer streng bei, und überqueren dabei öfters breite Forstwege und kommen an zwei Schutzhütten vorbei. Am Schild 'Naturschutzgebiet' machen wir einen Abstecher in die wilde Felslandschaft und haben dabei einen schönen Blick in das Neckartal. Die Gegend gilt übrigens als Geheimtip für Heidelbeer-Sammler.

Im Heidelberger Wald auf Entdeckungstour

Leicht ansteigend marschieren wir nun zum 'Hohlen Kästenbaum'. Auch wenn in diesem Namen die pfälzische Variante von Kastanienbaum steckt, sucht man derlei Gewächs hier oben vergebens. Der schöne Flecken mit plätscherndem Brunnen und zwei Schutzhütten ist ein idealer Rastplatz. Zwei große Steinräder sind nicht etwa die Überreste einer Mühle, sondern die Mahlsteine einer Obst- und Traubenkelter. Wie deren Überreste allerdings hier herauf kommen, weiß bislang niemand zu sagen. Wir folgen nun dem breiten Forstweg immer abwärts Richtung 'Linsenteicheck'. Am Wegrand kommen wir dabei an einem schönen Feuchtbiotop mit Weiher vorbei, bevor wir am Linsenteicheck-

Brunnen letztmals die Wasserflaschen füllen können. Weiter konsequent abwärts gelangen wir an eine Kreuzung mit dem Hinweis 'Kümmelbacher Hof'. Der ziemlich zugewachsene Weg bringt uns zu einem hübschen Bach mit einer kleinen Holzbrücke, bevor wir am Ortsrand von Neckargemünd eintreffen. In der Hermann-Walker-Straße erreichen wir das Hotel 'Schützenhaus', gehen ein paar Stufen abwärts und sind gleich in der Schützenhausstraße, die uns direkt zum Bahnhof bringt. Von hier fährt der Zug in wenigen Minuten zum Heidelberger Bahnhof Karlstor.

Toureninfos

Infos zur Bergbahn: HSB, Bergheimer Straße 155, 69115 Heidelberg, Tel. 06221/513-2609, Fax 5133335.

Gesamtwegstrecke vom Königstuhl zum Bahnhof Neckargemünd etwa 8 Kilometer.

Aussichtsturm Königstuhl geöffnet März-Oktober 10-18 Uhr; in den Ferien bis 19 Uhr.

Bergbahn (nur Bergfahrt): Erwachsene DM 5,20, Kinder (6 bis 14 Jahren) DM 3,40; Auffahrt Aussichtsturm: DM 2,-/1,50.

Restaurant auf dem Königstuhl, Kiosk am Aussichtsturm; Hotel 'Schützenhaus' in Neckargemünd (Di Ruhetag), Tel. 06223/ 3067.

In Heidelberg Parkhaus 'Bergbahn' oder andere Parkhäuser der Altstadt.

HSB-Bergbahn (Königstuhl); nicht im VRN-Verbund; Bergfahrt täglich ab 9 Uhr alle 10 min, zwischen Anfang November und Mitte April ab 10.50 Uhr (alle 20 min); Rückfahrt per Bahn ab Neckargemünd: Anschluß mehrmals stündlich.

Märchenparadies (38)

Heidelberger Schloß (34)

Landessternwarte (37)

Freibad Neckargemünd (am rechten Neckarufer)

69

Schiffsausflug zur Vier-Burgen-Stadt

Wenn die Seele baumelt

Ein Besuch der mittelalterlichen Stadt Neckarsteinach gehört sicherlich zum Schönsten, was man im Neckartal zwischen Heidelberg und Bad Wimpfen unternehmen kann. Die vier Burgen, die kleine Stadt am Neckar und gegenüber die Festung Dilsberg geben mit etwas Fantasie eine mittelalterliche Kulisse ab. Es gibt viele Möglichkeiten, nach Neckarsteinach zu kommen: neckaraufwärts von Heidelberg, neckarabwärts über Neckarsulm/Eberbach per Auto, Bahn, Fahrrad oder mit dem Schiff.

Wir haben uns für die letzte und sicher die geruhsamste der Möglichkeiten entschieden und besteigen in Eberbach eines der beiden Ausflugsschiffe 'Otto Kappes' oder 'Burg Eberbach'. Die Fahrt findet Dienstag und Donnerstag statt und dauert etwa zwei Stunden. Dabei geht es neckarabwärts, vorbei an den dicht bewaldeten Hängen des Odenwalds, durch enge Flußschlingen, die der Neckar im Laufe der Jahrtausende in den Buntsandstein des Odenwalds gesägt hat. Nach einigen Kilometern wird auf der rechten Seite die Festung Hirschhorn sichtbar (60), bevor es in die erste Schleuse geht. Nach insgesamt einer Stunde Fahrzeit werden in Hirschhorn weitere Fahrgäste aufgenommen. Weiter geht die Fahrt, vorbei am Neckarhäuser Hof, durch eine weitere Schleuse, bis das Schiff schließlich in Neckarsteinach anlegt. Bis zur Rückfahrt verbleiben nun sechs Stunden - genug Zeit, die vier Burgen im Handstreich zu erobern. Doch zunächst sei die alternative Anfahrt von Heidelberg aus beschrieben:

In der Hochsaison fahren die Schiffe bis zu sieben Mal täglich vom Anlegeplatz bei der Heidelberger Stadthalle flußaufwärts nach Neckarsteinach. Einschließlich aller Schleusenzeiten dauert das Vergnügen eine Stunde und zwanzig Minuten. In Sichtweite des Heidelberger Schlosses (34) geht es in die erste Schleuse und damit um rund drei Meter

aufwärts. Vorbei am Kloster Stift Neuburg und dem idyllischen Städtchen Neckargemünd sieht man bald auf der Höhe die Festung Dilsberg (61) vorüberziehen, bevor das Schwalbennest, das Wahrzeichen von Neckarsteinach, das Ende der ersten Ausflugsetappe ankündigt.
Von der Anlegestelle folgen wir nun ausgeruht und 'per pedes' dem Wegzeiger nach links zu den Burgen, überqueren die stark befahrene Autostraße (B 37) und steigen hinauf zur Mittelburg, dann zur Hinterburg und schließlich zum besagten 'Schwalbennest', weniger bekannt unter dem Namen Burg Schadeck.
Die Vorderburg ist völlig in Privatbesitz und kann nur von außen betrachtet werden; von der Mittelburg aus dem Jahr 1165 sieht man wenigstens der Innenhof. Die Ruine Hinterburg aus dem Jahr 1100 ist die älteste der vier Burgen. Interessant ist der alles überragende Turm, der jederzeit bestiegen werden kann. Nicht weit entfernt ist das Schwalbennest, eine recht gut erhaltene Anlage, die auf einem künstlichen Felsplateau hoch über dem Neckartal thront. Auch das Schwalbennest steht immer offen.

Toureninfos

Eberbacher Personenschiffahrt Adolf Kappes, Binetzgasse 1, 69412 Eberbach am Neckar; Tel. 06271/3768, Fax 3061.

Rhein-Neckar-Fahrgastschiffahrt GmbH, Untere Neckarstraße 17, 69117 Heidelberg, Tel. 06221/20181, Fax 20211 oder: Am Neckarlauer, 69239 Neckarsteinach, Tel. 06229/526.

Verkehrsamt Neckarsteinach, Hauptstraße 7, 69239 Neckarsteinach, Tel. 06229/9200-0.

Von Eberbach: Fahrzeit 2 Stunden; Di und Do Abfahrt Eberbach 9 Uhr, Rückkehr 19 Uhr. Saison zwischen Mitte Mai und Mitte September.

Von Heidelberg: Fahrzeit 1 Stunde 20 min; Abfahrt täglich 9.30, 11, 14, 14.40 Uhr, bei Bedarf in der Hauptsaison auch 10.15, 12 und 15.30 Uhr. Rückfahrt ab Neckarsteinach 11, 12.30, 14, 16.15, 17 Uhr, bei Bedarf in der Hauptsaison auch 15.30 Uhr, Di und Do auch 17.30 Uhr. Hauptsaison Anfang Juni bis Anfang September.

Gehstrecke zum 'Schwalbennest' und zurück knapp 4 km.

Hin- u. Rückfahrt von Eberbach nach Neckarsteinach: Erwachsene DM 20,-, Kinder (4 bis 12 Jahre) DM 13,-; Hin- u. Rückfahrt ab Heidelberg: DM 16,50/9,50.

Alle Ausflugsschiffe sind bewirtschaftet; in Neckarsteinach Einkehrmöglichkeiten an der Bootsanlegestelle.

P Heidelberg: Parkhäuser der Innenstadt (z.B.Stadthalle);

Eberbach: Zahlreiche Parkplätze am Neckarufer;

Neckarsteinach: Parkplatz am westlichen Ortsende (B 37).

Heidelberg: HSB-Busse 10, 12, 35; BRN-Busse 7015, 7017, 7021, 7023 (Haltestelle Kongresshaus);

Eberbach: SWE-Busse und BRN-Bus 7017

Man kann die Tour auch mit einer Bahnfahrt (Neckartalbahn) kombinieren.

K Besuch der Burg Hirschhorn (60)

Eine Schiffsfahrt auf dem Neckar gehört ins sommerliche Pflichtprogramm.

Freizeit- und Erlebnisbäder

70

Thermarium Bad Schönborn

Thermarium, 76669 Bad Schönborn, Ortsteil Mingolsheim, Tel. 07253/5590. Thermal-Sole-Bewegungsbad nicht für Kinder unter 6 Jahren; 6 heiße Solebecken mit insgesamt 1420 Quadratmetern Wasserfläche (Solegehalt 2,9%). Sauna, Solarium, Kureinrichtungen; Ruheräume und Freigelände. Attraktions-Außenbecken, Whirl-Pool, Strömungskanal.

Badezeit 3 Stunden: Mo 14-22 Uhr, Di-Fr 9-22 Uhr, Sa 9-20 Uhr, So und Feiertag 8-19 Uhr.

Erwachsene DM 13,50, Kinder bis 14 Jahre DM 6,-.

Restaurant im Haus.

Zufahrt von Ortsmitte Bad Schönborn-Mingolsheim ausgeschildert. Parkplatz vor dem Bad. BAB A 5, Ausfahrt Kirrlach-Kronau.

DB-Bahnhof Mingolsheim-Kronau; Bus SWEG 2.

71

Aquadrom Hockenheim

Aquadrom, Beethovenstr., 68766 Hockenheim, Tel. 06205/21600, Fax 21618: 25-m-Sportbecken (26°C), Solebecken innen (30°C) und außen (32°C), 54-m-Wasserrutsche, Springbecken (1m, 3m), Badelandschaft mit Nichtschwimmerbereich, Sprudelbecken, Strömungskanal, Kinderplanschbecken, Spaßbecken mit Wasserfalll, Wasserspeier, Bodensprudler, Massagedüsen; große Saunalandschaft mit Dampfbädern, Kneipp-Anlage, Sonnenstudio. Massagen auf Wunsch.

Im Freien (nur im Sommer): 50-m-Wellenbecken, Wasserspiele, Strand mit Strandkörben, 70-m-Wasserrutsche, Schiffchenbahn; zahlreiche Spielmöglichkeiten, Wildwest-Spielplatz, Tischtennis.

Mo-Sa 10-22 Uhr; So u. Feiertag 9-20 Uhr.

Tageskarte Erwachsene DM 12,- (Mo-Sa), DM 14,- (So, Feiertag); Kinder (6-18 J.) DM 8,- (Mo-Sa), DM 10,- (So, Feiertag); Kinder unter 6 Jahren freier Eintritt; Familienkarte DM 29,- (Mo-Sa), DM 34,- (So, Feiertag).

Restaurant mit Selbstbedienung und Terrassenbetrieb; Kiosk.

P Zufahrt zum Bad weiträumig ausgeschildert. Großer Parkplatz; das Bad liegt an der südlichen Ortsgrenze.

DB-Bahnhof Hockenheim (13 min.Fußweg); BRN-Bus 7007.

72

Aquatoll Neckarsulm

i Freizeitbad Aquatoll, Am Wilfenseeweg, 74172 Neckarsulm, Tel. 07132/2052, Fax 2393: Erlebnisbecken (1,35 m tief, 200 Quadratmeter groß, 30°C), 62-m-Wasserrutsche, Wildwasserfluß (28°C), 2 Kinderbecken (0-20 cm, 20-40 cm, 32°C), Solebecken (innen/außen, 34°C, 1,35 m tief, 2,7% Solegehalt), 2 Whirlpools (37°C); Saunalandschaft mit Dampfbädern, Biosauna, Erdsauna, Solarium, Freigelände.

im Sommer: Außenbecken (500 Quadratmeter), Kinderlandschaft mit Wasserspielen (200 Quadratmeter, 26°C), Liegewiese, Abenteuerspielplatz.

Mo, Di, Do, Fr: 10-22 Uhr; Mi, Sa, So, Feiertag sowie im ganzen Juli und August: 9-22 Uhr.

1,5 Stunden/3 Stunden/Tageskarten: Erwachsene DM 7,50/12,-/21,- (Mo-Fr); DM 10,-/16,-/26,- (Sa, So, Feiertag); Kinder (bis 16 J.): DM 7,50/9,50/15,50 (Mo-Fr); DM 10,-/14,-/19,- (Sa, So, Feiertag); Kinder bis 1,10 m Größe DM 4,-; Familienkarte 3 Stunden/ Tageskarte: DM 32,-/48,- (Mo-Fr), DM 44,-/58,- (Sa, So, Feiertag); verbilligter Sommertarif (1.Juli - 31.August).

Restaurant mit Terrasse, Bistro, Kiosk.

Zufahrt weiträumig ausgeschildert.

DB-Bahnhof Neckarsulm; von dort ca. 25 min zu Fuß durch den Ort. Montag bis Freitag Anbindung durch Stadtbus Linie 2.

73

Bellamar Schwetzingen

Bellamar - Freizeitbad und Freibad, Odenwaldring, 68723 Schwetzingen, Tel. 06202/87235: 25-m-Sportbecken (28°C), 2 Nichtschwimmerbecken, Wasserlandschaft, Außenbecken (28°C, ganzjährig), Wasserberg, 2 Whirlpools (37°C), Solarium, 2 Wasserrutschen (10 m, 55 m), Kleinkinder-Wasserbecken, Spielplatz, Saunabereich;

im Sommer: Freibad mit Schwimmerbecken (50m x 12,5m), Nichtschwimmer (25 m x 14,75 m), Springerbecken, Kinderbecken, großes Freigelände mit zahlreichen Sportmöglichkeiten.

Hallenbereich: Mo 14-22 Uhr; Di, Do, Fr 10-22 Uhr; Mi u. Sa 7-22 Uhr; So 10-21 Uhr; Freibad täglich 7-19 Uhr.

Hallenbereich: Erwachsene/Kinder (6-18 J.) 1,5 Stunden DM 7,-/5,-; 3 Stunden DM 10,-/7,-; Tageskarte DM 13,-/DM 9,-; Sauna u. Bad DM 17,-/14,-; So- u. Feiertagszuschlag DM 2,-/1,-. Freibad: DM 5,-/4,-.

Restaurant mit Kiosk im Haus.

Zufahrt ausgeschildert. Das Bad liegt im Osten von Schwetzingen. Parkplätze vor dem Eingang und hinter der Minigolfanlage. BAB A 5, Ausfahrt Schwetzingen; von dort nur wenige Kilometer.

DB-Bahnhof Schwetzingen, von dort City-Bus-Linie BRN 7005.

74

Miramar Weinheim

Miramar Freizeitzentrum, Waidallee 100, 69469 Weinheim/ Bergstraße, Tel. 06201/60000, Fax 600048: Wellenbad (800 Quadratmeter), Massagebad (220 Quadratmeter), Wassertemperaturen 30°-37°C, Sprudelbad, Rutschenbecken, 3 Wasserrutschen (50 m, 70 m, 160 m), Whirl-Pool, Sprudelbecken, Spielgeräte, Solarium;

FKK-Bereich mit 10 verschiedenen Saunen (Fieberschwitzbad, Biosauna, Aromasauna, Heusauna usw.), Saunapark, Solebecken, FKK-See.

Mo bis Do 9.30-22 Uhr; Fr 9.30-24 Uhr, Sa 9-24 Uhr, So 9-22 Uhr; Di ab 18 Uhr, sowie Sa und So ab 19 Uhr FKK im ganzen Bad.

4-Stundenkarte/Tageskarte: Erwachsene DM 20,90/23,90; Kinder (6-15 Jahre): DM 11,90/14,90; Kinder (1-5 Jahre): DM 4,-; Familienkarte: Freier Eintritt für das 2.Kind (gilt auch für Geburtstagskinder).

Cafeteria, Saunarestaurant mit Gartenwirtschaft.

Zufahrt über A 659/B 38 oder über die B 3 (Ausfahrt Hohensachsen/Viernheim-Ost) ist beschildert; das Bad liegt südlich von Weinheim; großer Parkplatz.

OEG-Bus 25.

Eislaufmöglichkeiten

In den Eishallen werden bei Disco-Betrieb Zuschläge erhoben.

75

Eissporthalle Aschaffenburg

Eissporthalle Aschaffenburg, Stadtbadstraße 1, 63741 Aschaffenburg, Tel. 06021/794613; Sommerpause Mitte April bis Ende September; Kinderprogramm, Eisdisco, Eislaufschule.

Di, Mi, Do, Sa, So 10-21 Uhr; Fr 10-22 Uhr.

Erwachsene DM 4,50; Kinder (bis 15 Jahre) DM 2,50; Verleih: DM 6,-.

Café, Pistenbar.

Ortsteil Leider, Parkplatz vor der Halle.

Bushaltestelle Schulzentrum.

76

Eissporthalle Darmstadt

Eissporthalle Darmstadt, Alsfelder Straße 45, Bürgerpark Nord, 64289 Darmstadt, Tel. 06151/77790; Sommerpause Mitte April bis Ende September; Eisdisco.

Mo bis Fr 9-13 u. 14-17 Uhr; Di und Mi auch 20-23 Uhr; Do u. Fr auch 19-22 Uhr; Sa 9-12, 15.30-19 u. 19.30-23.00 Uhr, So 10-13 u. 14-18 Uhr.

Erwachsene DM 7,50; Kinder (bis 17 Jahre) DM 5,50; Verleih: DM 6,-.

Parkplätze vor der Halle bzw. auf dem Meßplatz.

Buslinie L, (Haltestelle Nordbad).

77

Eissporthalle Heidelberg-Eppelheim

Eissporthalle Eppelheim, Rudolf-Diesel-Straße 20, 69115 Heidelberg: Tel. 06221/766366; Sommerpause Anfang Juni bis Anfang August; Eisdisco, Kinder-Eislaufschule.

Mo 9-12 Uhr; Di 9-12, 13-16.30 Uhr; Mi 9-12, 13-16.30 Uhr; Do 9-12, 13-16.30 Uhr; Fr 9-12, 13-16.30, 19-22 Uhr; Sa 14-18.30, 19-24 Uhr; So 9.30-12, 14.30-18 Uhr.

Erwachsene DM 8,-; Kinder (ab 6 J.) DM 6,-, Kinder (ab 12 J.) DM 7,-

Imbiß-Restaurant während der Laufzeiten.

Eppelheim b. Heidelberg, Parkplatz vor der Halle. Halle im Süden von Eppelheim in der Nähe zur BAB A 5.

HSB-Straßenbahn Linie 2, (Haltestelle Jakobsgasse); ca. 10 min.

78

Eisstadion Ludwigshafen

Eisstadion des Eis- und Rollsport-Clubs Ludwigshafen, Saarlandstraße 70, 67061 Ludwigshafen, Tel. 0621/563997. Sommerpause Mitte März bis Mitte Oktober; 2 Freiluft-Kunsteisbahnen.

täglich 10-12, 15-17 u. 20-22 Uhr; Sa 10-12, 14.30-16.30, 17.30-19.30 u. 20-22 Uhr; So. 9.30-11.30, 14-17, 17.30-19.30 u. 20-22 Uhr.

Erwachsene DM 6,-; Kinder (bis 18 J.) DM 4,50; Verleih DM 5,-.

Vereinskiosk.

Zufahrt weiträumig ausgeschildert ('Südwest-Stadion'); Ortsteil Ludwigshafen-Süd; Parkplätze am Eingang, Zufahrt über Saarlandstraße.

Straßenbahn-Linien 6 u. 12 (VBL), Haltestelle 'Stifterstraße'.

79

Eissportparadies Mainz

Tomy's Eissportparadies Mainz, Dr.-Martin-Luther-King-Weg 19, 55122 Mainz, Tel. 06131/381005. Sommerpause Mai-Mitte September; Eisdisco.

Mo-Fr 9-17 Uhr; Di, Mi und Do auch 20-22 Uhr; Fr 19-23 Uhr; Sa 9-12, 14-18 u. 20-24 Uhr; So 9-12, 14-22 Uhr.

Eintritt: Erwachsene/Kinder (bis 18 J.) DM 8,-/6,-; Abendlauf DM 8,-; Verleih DM 6,-; Schleifen DM 6,-; Familientag Mi (9-17 Uhr): Einheitspreis DM 5,-, Familien max. DM 15,-, Verleih DM 5,-.

Snack-Bar.

Die Eisshalle liegt neben dem Fußballstadion von Mainz 05; Zufahrt ausgeschildert. Großer Parkplatz vorhanden.

Bus-Linie 19 (SWM), Haltestelle 'Hartenberg'.

80

Eissportzentrum Mannheim

Eissportzentrum Herzogenried/Leistungszentrum Eissport, Käthe-Kollwitz-Str., 68169 Mannheim, Tel. 0621/301095. 2 Eisflächen; Sommerpause Anfang April bis Mitte September; Eisdisco. Im Eisstadion des MERC ('Adler Mannheim') ist kein öffentlicher Eislauf möglich.

Täglich 10-12, 14-16 u. 20-22 Uhr.

Erwachsene DM 6,50; Kinder (ab 6 Jahre) DM 4,50; Kinder unter 6 Jahre frei; Abendlauf DM 6,50; Verleih DM 7,-; Schleifen DM 7,-.

Ortsteil Neckarstadt, Parkplätze auf dem Neuen Meßplatz und am Herzogenriedpark.

Straßenbahn Linien 1 u. 3 (MVG), Haltestelle 'Neuer Meßplatz'.

81

Eissporthalle Viernheim

Eissporthalle Viernheim, Alter Weinheimer Weg, 68519 Viernheim: Tel. 06204/74239; Sommerpause Anfang Juni bis Ende August; Eisdisco.

Mo bis Do 9-16.45 Uhr, Mi auch 19.30-23 Uhr; Fr 9-23 Uhr; Sa 13.30-17 Uhr; So 10-18 Uhr.

Erwachsene DM 8,-; Kinder ab 6 Jahre DM 6,50; ab 12 Jahre DM 7,-; Verleih: DM 6,-.

Imbißrestaurant während der Laufzeiten.

Anfahrt im ganzen Ort ausgeschildert. Die Halle liegt am östlichen Ortsrand. Parkplätze vor der Halle.

OEG-Haltestelle Eissporthalle.

82

Eissporthalle Wiesloch

Eissporthalle Wiesloch, Parkstraße 1, 69168 Wiesloch: Tel. 06222/54699; Sommerpause Ende April bis Mitte September; Eisdisco.

Mo 10-17.15 Uhr; Di 10-21 Uhr; Mi 10-21 Uhr; Do 10-17.15 Uhr; Fr 10-21 Uhr; Sa 10-23 Uhr; So 9-19.15 Uhr; Laufzeit frei.

Erwachsene DM 8,-; Kinder (6-11 Jahre) DM 6,-; ab 12 Jahre DM 7,-; Verleih: DM 6,-.

Selbstbedienungsrestaurant während der Laufzeiten.

Parkplätze entlang der Straße.

Buslinien SWEG 701, 704, 705 u.732 (Stadtbus Wiesloch), (Haltestelle Gerbersruhstraße).

83

Kunsteisbahn Heddesheim

Kunsteisbahn Heddesheim, Ahornstraße 78, 68542 Heddesheim, Tel. 06203/101260. Freiluft-Eisfläche; Sommerpause April bis Oktober; Eisdisco.

Mo 14-16 Uhr Kindernachmittag (bis 10 J.) mit Laufhilfen; Di-Fr u. So 9.30-22 Uhr, Sa 9.30-16.30 u. 17-22 Uhr. Keine Laufzeitbeschränkung.

Erwachsene DM 4,-; Kinder (7-18 J.) DM 2,50; Kinder unter 6 Jahre frei; Kindernachmittag DM 2,50; Disco-Zuschlag DM 1,50; Di- bis Fr-Vormittag Gruppen DM 1,-; Verleih DM 5,-/6,-; Schleifen DM 5,-.

Snack-Bar.

Sportzentrum Heddesheim. Zufahrt innerorts gut ausgeschildert; Zufahrt über die B 3 oder die BAB A 5 (Ausfahrt Hirschberg). Parkplatz vorhanden.

Straßenbahn (MVV)-Endhaltestelle Heddesheim, Linie 4 (ca. 15 min).

In der Eissporthalle Wiesloch

Notizen

MIT STÖPPEL UNTERWEGS

Radwandern

3-89306-071-5 DM 24.80

3-924012-40-7 DM 24.80

3-924012-82-2 DM 24.80

3-924012-83-0 DM 24.80

3-89306-076-6 DM 24.90

3-89306-023-5 DM 24.80

3-924012-57-1 DM 24.80

3-924012-66-0 DM 19.90

3-924012-47-4 DM 24.80

3-924012-71-7 DM 26.80

Stöppel-Verlag · 82356 Weilheim
Auslieferung: GEO CENTER München

Unsere Bücher sind über
den Buchhandel erhältlich

Weitere Titel
in Vorbereitung

MIT STÖPPEL UNTERWEGS

3-924012-65-2 DM 24.80

3-924012-85-7 DM 24.80

3-924012-98-9 DM 24.80

3-89306-069-3 DM 24.80

3-924012-92-X DM 24.80

3-89306-070-7 DM 29.80

3-924012-93-8 DM 24.80

3-924012-69-5 DM 24.80

3-924012-46-6 DM 24.80

Stöppel-Verlag · 82356 Weilheim
Auslieferung: GEO CENTER München

Unsere Bücher sind über den Buchhandel erhältlich

Weitere Titel in Vorbereitung

MIT STÖPPEL UNTERWEGS

3-924012-48-2 DM 24.80

3-924012-81-4 DM 24.80

3-924012-88-1 DM 24.80

3-924012-39-3 DM 24.80

3-924012-04-0 DM 24.80

3-924012-32-6 DM 24.80

3-924012-16-4 DM 24.80

3-924012-59-8 DM 24.80

3-924012-89-X DM 24.80

3-924012-02-4 DM 24.80

3-924012-94-6 DM 24.80

Stöppel-Verlag · 82356 Weilheim
Auslieferung: GEO CENTER München

Unsere Bücher sind über
den Buchhandel erhältlich

Weitere Titel
in Vorbereitung

MIT STÖPPEL UNTERWEGS

3-89306-077-4 DM 24.90

3-89306-074-X DM 24.80

3-89306-082-0 DM 24.90

3-924012-73-3 DM 26.80

3-924012-79-2 DM 24.80

3-924012-63-6 DM 19.80

3-924012-54-7 DM 24.90

3-924012-72-5 DM 24.80

3-89306-075-8 DM 24.90

Stöppel-Verlag · 82356 Weilheim
Auslieferung: GEO CENTER München

Unsere Bücher sind über den Buchhandel erhältlich

Weitere Titel in Vorbereitung

MIT STÖPPEL UNTERWEGS

3-924012-90-3 DM 29.80

3-924012-96-2 DM 29.80

3-89306-072-3 DM 29.80

3-924012-68-7 DM 29.80

3-89306-073-1 DM 19.90

3-89306-085-5 DM 19.90

3-924012-91-1 DM 29.80

3-924012-60-1 DM 29.80

3-924012-70-9 DM 26.80

Stöppel-Verlag · 82356 Weilheim
Auslieferung: GEO CENTER München

Unsere Bücher sind über den Buchhandel erhältlich

Weitere Titel in Vorbereitung

MIT STÖPPEL UNTERWEGS

Fernradwege

3-89306-802-3 DM 16.80

3-89306-803-1 DM 16.80

3-89306-807-4 DM 17.80

3-89306-804-X DM 16.80

3-89306-801-5 DM 16.80

3-89306-806-6 DM 16.80

3-89306-805-8 DM 17.80

3-89306-808-2 DM 16.80

Stöppel-Verlag · 82356 Weilheim
Auslieferung: GEO CENTER München

Unsere Bücher sind über den Buchhandel erhältlich

Weitere Titel in Vorbereitung

MIT STÖPPEL UNTERWEGS

Wandern

3-924012-74-1 DM 24.80 | 3-924012-23-7 DM 24.90

Weitere Titel mit Wirtshaus-Wanderungen

CHIEMGAU
3-924012-38-5 DM 24.80

OBERBAYERN-Süd
3-924012-27-X DM 24.80

ALLGÄU
3-924012-50-4 DM 24.80

BODENSEE
3-924012-84-9 DM 24.80

3-89306-081-2 DM 24.90 | 3-89306-086-3 DM 24.90

3-89306-080-4 DM 24.80 | 3-89306-079-0 DM 24.90 | 3-924012-99-7 DM 24.80

Stöppel-Verlag · 82356 Weilheim
Auslieferung: GEO CENTER München

Unsere Bücher sind über den Buchhandel erhältlich

Weitere Titel in Vorbereitung

MIT STÖPPEL UNTERWEGS

Freizeit mit Kindern

3-924012-75-X DM 26.80

3-924012-87-3 DM 26.80

3-89306-088-X DM 26.90

3-924012-78-4 DM 26.80

3-924012-80-6 DM 26.80

3-89306-087-1 DM 26.90

3-924012-95-4 DM 26.80

3-924012-77-6 DM 26.80

3-924012-97-0 DM 26.80

3-89306-078-2 DM 26.80

Stöppel-Verlag · 82356 Weilheim
Auslieferung: GEO CENTER München

Unsere Bücher sind über den Buchhandel erhältlich

Weitere Titel in Vorbereitung